주님과 함께하는
10일의 밤

Ten Evenings with God by Ilia Delio, OSF
This 2008 Edition is published by Liguori Publications, Liguori, Missouri, USA. www.liguori.org.
Copyright © 2008 Ilia Delio, OSF. All rights reserved.

주님과 함께하는 10일의 밤

2022년 9월 16일 교회 인가
2023년 1월 1일 초판 1쇄 펴냄

지은이 · 일리아 델리오
옮긴이 · 이형규
펴낸이 · 정순택
펴낸곳 · 가톨릭출판사
편집 겸 인쇄인 · 김대영
편집 · 박다솜, 정주화
디자인 · 강해인
마케팅 · 장제민, 임찬양

본사 · 서울특별시 중구 중림로 27
등록 · 1958. 1. 16. 제2-314호
전자우편 · edit@catholicbook.kr
전화 · 1544-1886(대표 번호)
지로번호 · 3000997

ISBN 978-89-321-1842-0 03230

값 16,000원

가톨릭의 모든 도서와 성물을 '**가톨릭출판사 인터넷쇼핑몰**'에서 만나 보실 수 있습니다.
http://www.catholicbook.kr | (02)6365-1888(구입 문의)

성경 ⓒ 한국천주교중앙협의회, 2022

이 책의 한국어 출판권은 (재)천주교서울대교구 가톨릭출판사에 있습니다.
이 책은 저작권법에 의해 보호를 받는 저작물이므로 무단 전재와 무단 복제를 금합니다.

그리스도와 일치하기 위한 영적 안내서

주님과 함께하는 10일의 밤

일리아 델리오 지음 · 이형규 옮김

가톨릭출판사

·· ✦ **들어가며**

인간이 내면에서부터 가장 갈망하는 두 가지는 행복과 자유다. 모든 사람은 행복을 갈구한다. 바로 이 때문에 사람들은 사랑받길 원하고, 안전함을 느끼고 싶어 하며, 평화 속에 머물고, 선을 경험하길 바란다. 또한 모든 사람은 자유를 갈망한다. 선택하고 행동하는 데 어떠한 강제나 제약이 없는, 자발적이며 살아 있는 자유를 바란다. 하지만 이러한 자유의 개념은 세속적인 관점이다. 프랭크 시나트라가 부른 〈마이 웨이*My Way*〉의 "내 방식대로 했어 I Did It My Way."라는 가사는 이를 잘 나타낸다. 자유를 자기 자신을 위해서 선택할 수 있는 능력이라고 여기는 것은 세상의 논리다.

이러한 세속적인 관점은 소비문화에 딱 들어맞는다. 소비문화는 우리를 행복에, 아름다움에, 건강에 몰두하도록 이끈다. 더 넓은 집, 더 좋은 차를 바라고 사치에 사치를 더하게 만든다. 이러한 문화로 인해 우리는 원하는 모든 걸 가지는 게 행복이고, 바라는 것을 쟁취하는 일이 자유라고 믿게 된다. 이러한 관점은 부를 축적하는 데 능숙한 이들에게는 들어맞는다. 그러나 참된 행복과 자유라는 진리는 물질적인 것이나 어떠한 제약 없이 사는 일과는 관련이 없다. 그것은 존재하는 모든 것의 원천이신 하느님과 관련되어 있다.

어떤 사람들은 병을 앓거나 사랑하는 사람을 잃거나, 자연 재해로 그들의 모든 재산이 파괴되었을 때에야 비로소 행복과 자유의 진리를 깨닫는다. 물질적인 데 기대서는 삶의 가장 깊은 곳에서 생기는 갈망을 채우지 못함을 이해하게 되는 것이다. 물론 그렇지 못한 이들도 있다. 자신에게 너무 사로잡혀, 개인적 욕망의 노예가 되면 이 진리를 깨닫지 못하게 된다. 그러나 신앙의 길을 걷고자 하는 이들은 하느님의 뜻을 추구할 때 행복과 자유를 찾게 된다.

하느님의 뜻을 다루는 책은 많다. 영적 식별의 위대한 스승인 이냐시오 데 로욜라 성인의 책도 있고, 거기에 기반한 다른 책들도 많다. 하지만 이 책에서는 하느님의 뜻을 식별하기보다 우리가 그 뜻을 알게 될 때 자유로워진다는 관점에서 살펴볼 것이다.

요즘에는 하느님의 뜻이라는 단어를 마치 비장의 카드처럼 사용하는 경우가 많다. 공공 정책이나 줄기세포 연구, 안락사, 중동 지역의 전쟁과 같은 정치적 문제에서 그런 일이 비일비재하게 일어난다. 그러나 하느님의 뜻을 이념화시키는 일은 사회에 혼란과 분열을 불러왔다. 그래서 많은 이들이 하느님의 뜻을 구체적으로 생각해 보지 못하고, 심지어 하느님을 저버리기까지 하고 있다.

어떤 사람들은 하느님의 뜻을 크게 중요하게 생각하지 않는다. 그러나 어떤 이들은 그것을 삶을 규정하는 두려운 힘으로 여겨, 자신의 소명을 식별하는 데 어려움을 겪기도 한다. 이들은 혼란스러운 삶 속에서 "나를 위한 하느님의 뜻이 무엇인지" 묻는다.

하느님의 뜻이 너무나도 모호하고 막연하다고 느끼는 이들도 있다. 이들은 하느님의 뜻을 부를 축적하는 것으로 대치하고는 한다. 행복을 위해 지상에서 자기만의 천국을 만드는 데 힘을 쏟는 것이다. 하느님의 뜻을 확실히 알고자 하는 이들도 있다. 이들은 맹목적인 순종을 요구하는 경직되고 위계적인 구조에 이끌리기도 한다. 하지만 하느님의 뜻을 저버리든 그렇지 않든 그것은 우리를 자유와 행복으로 이끌어 주지 않는다. 오히려 이에 대해 극단적인 태도를 지닐수록 쉽게 절망하고 혼란에 빠지게 된다.

우리는 확실한 무언가를 손에 쥐고자 하지만, 하느님의 뜻은 언제나 우리의 손 틈 사이로 빠져나간다. 과학 시대를 사는 우리가 선호하는 것은 언제나 즉각적이며 명확한 대답이다. 과학이 자료나 정보를 제공하듯이 하느님도 우리를 위해 세우신 거룩한 계획을 명확하게 보여 주시길 바란다. 아마 이에 대한 바람은 길을 잃고 광야에서 떠돌았던 이스라엘 백성들과 크게 다르지 않으리라.

모세가 십계명 돌판을 들고 시나이산에서 내려왔을 때 그는 이스라엘 민족이 우상, 곧 볼 수 있고 통제할 수 있는 신을 만들어 숭배하는 모습을 봤다. 그래서 모세는 다시 산에 올라가 더 명확한 방향, 더 확실한 계시, 더 가시적인 현존을 하느님께 청했다. 하지만 하느님은 모세에게 이렇게 말씀하셨다.

"내 영광이 지나가는 동안 내가 너를 이 바위 굴에

넣고, 내가 다 지나갈 때까지 너를 내 손바닥으로 덮어 주겠다. 그런 다음 내 손바닥을 거두면, 네가 내 등을 볼 수 있을 것이다. 그러나 내 얼굴은 보이지 않을 것이다."(탈출 33,22-23)

하느님은 모세에게 당신의 현존이 언제나 가려져 있음을 계시하신다. 그분은 우리에게 하느님의 얼굴은 볼 수 없으며, 보게 된다면 아무도 살 수 없다고 밝히신다. 이는 하느님이 우리 생각보다 훨씬 더 크신 분임을 알려 준다. 우리는 결코 하느님이나 그분의 길을 알지 못한다. 하느님은 모든 지식을 넘어서시며, 헤아릴 수 없는 사랑이시다.

하느님의 놀라우신 신비는 인간의 이해를 넘어서지만, 이는 우리가 지니고 있는 영적인 범주를 벗어나지는 않는다. 아우구스티노 성인은 《고백록》에서 하느님을 찾아 헤맨 경험을 이야기해 준다. 그렇게 찾아 헤매다 그는

"당신은 나의 가장 깊은 곳보다 더 깊은 곳에 계시며, 내 존재의 가장 높은 곳보다 더 위에 계셨습니다."라는 사실을 깨닫게 된다.[1] 하느님에 관해 완전히 알지 못하더라도 우리는 우리 안에 계신 하느님을 알 수 있으며, 하느님을 사랑할 수도 있다. 우리에게는 이러한 능력이 있다. 즉, 우리는 하느님의 뜻 안에서 살아가도록 창조되었다.

요컨대 하느님 안에서 스스로에 대해 알게 될 때, 그곳에 행복과 자유의 근원이 있음을 깨닫게 된다. 우리 정체성을 발견하려면 하느님을 찾아야 하고, 하느님을 찾아야 자유가 깃든 행복을 발견할 수 있다. 중세의 신학자 보나벤투라 성인은 마음이 있는 곳에 행복이 있다고 말했다. 또한 그는 "마음을 드높여 자신보다 높은 데에 두지 않는다면 누구도 행복해질 수 없다. 그러나 저 높은 곳의 힘이 드높여 주지 않으면, 우리는 자신보다 높은 데에 그것을 둘 수 없다."라면서 "기도는 드높임의 어머니이자 원천이다."[2]라고 말했다. 행복을 원한다면, 반드시

기도하는 법을 배워야 한다. 하느님의 뜻은 우리가 얻을 수 있는 대상이나 물건이 아니며, 청사진도 아닌, 살아 있는 사랑의 관계이기 때문이다.

하느님의 뜻은 값을 치르고 살 수 있는 것도 아니고, 억누르는 힘으로 소멸되는 것도 아니다. 그것은 인간의 마음 깊은 곳에 있는 자유다. 만약 우리가 이 자유를 찾고 그 에너지의 원천 속에 살아간다면, 우리 인간성에 담긴 재능giftedness과 하느님이 바라시는 대로 살아갈 자유를 발견하게 될 것이다.

하느님의 뜻과 자유 사이의 관계를 살피기 위해, 나는 10일의 밤을 제시하고자 한다. 이 밤들은 기도하는 마음으로 성찰하는 시간이다.

첫째 밤에는 사랑이라는 하느님의 계시가 하느님의 뜻을 위한 근거임을 이야기한다. 우리 삶에 하느님의 현존을 일깨우기 위해, 우리는 "하느님은 누구신가? 나는 하느님을 어떻게 경험하는가?"라고 질문해야 한다. 일단 하느님과 관련된 질문을 들여다보기 시작하면, 하느님 뜻의 깊이를 헤아리게 된다.

둘째 밤에는 하느님과 관계 맺기인 기도에 관해 살펴본다. 기도는 하느님 말씀을 경청하기 위한 고독의 중요성을 알려 주며, 우리 삶에서 하느님의 현존을 분별하기 위한 감각을 일깨우도록 도와준다.

셋째 밤에는 식별을 살펴본다. 특히 식별이란 무엇이기에 우리 삶에 필수적인지에 대해 중점적으로 살핀다.

넷째 밤에는 우리의 선택이 우리를 올바른 방향으로 이끄는지, 잘못된 방향으로 인도하는지 깨닫게 해 주는 표징들에 대해 살펴본다. 여기서는 선한 영혼과 악한 영혼의 차이점을 구별하기 위해 이냐시오 데 로욜라 성인이 사용한 방법을 활용한다. 이냐시오 성인의 '지성적' 접근 방식은 프란치스코회의 전통적인 관점을 통해 완화된다. 프란치스코회의 접근 방식은 마음의 내적 움직임에 주의를 기울이며 이루어진다. 우리는 우리가 하느님을 갈망하며 불안해한다고 생각하지만, 아우구스티노 성인은 우리 마음을 찾는 하느님 마음이 식별이라고 알려 준다. 마음이 마음을 부른다. 그러므로 식별은 하느님과의 관계가 깊어짐에 따라 생겨나는 지속적인 움직임이다.

여정의 중간인 다섯째 밤은 내려놓는 시간이다. 이 시간에 우리는 하느님의 뜻에 따라 살 때 우리 삶의 가라지들 사이에도 여전히 밀이 자라고 있음을 깨닫게 된다.

여섯째 밤에는 우리 삶에서의 선택을 넘어 하느님을 위해 선택하는 삶으로 나아간다. 식별이 성숙하게 되면 하느님께 자기 자신을 내어 맡기거나 자신을 포기하게 된다. 이렇게 열어 보임, 존재의 가난함, 받아들임을 통해 하느님 안에서의 삶이 더욱 깊어지는 것이다. 이 모든 것은 기도의 열매이며 삶의 중심을 하느님 안에 두는 것이다. 우리 삶 전체를 선물로 받아들일 때, 감사는 의탁의 언어가 된다.

일곱째와 여덟째 밤에는 하느님의 뜻대로 사는 일이 사랑의 밀물과 썰물 속에서 살아가는 것임을 살피게 된다. 우리는 일상에서 일어나는 사건들을 붙잡고 통제하려고 하지만, 그러한 순간들이야말로 하느님께로 부르는 초대며 생각과 행동의 중심에 하느님을 두도록 이끄는 단초다. 우리는 모든 것을 놓아 버리고 하느님의 사랑이 우리 삶을 다스리도록 해야 한다는 단순함을 쉽게 잊어버린다. 그래서 여기서는 자연이라는 교과서가 보여 주는 자기 내어 줌self-surrender을 통해 거룩함에 이르는 길을 살펴본다.

특히 여덟째 밤에는 자연을 거울로 삼아, 우리 삶에 일어나는 변화 속에서 하느님을 찾는다. 자연은 하느님께 의탁하는 삶이란 사랑 속에서 자유를 발견하는 일이며, 행복은 살아 있는 존재가 누릴 수 있는 즐거움이라고 가르쳐 준다.

아홉째 밤은 의탁에서 자유로 옮겨 가는 과정을 성찰

한다. 이 과정에서 우리는 하느님께 사로잡힌 존재로 하느님의 성령 안에서 사는 삶을 경험하게 된다. 즉 우리가 삶에서 하는 선택이 우리 자신보다 크지만 우리를 완전하게 하는 사랑, 바로 그 사랑 자체만을 위한 것이 될 정도로 하느님 사랑의 신실하심을 체험하고 그분의 현존을 믿게 된다.

자유는 사랑의 충만함으로 향하는 길을 선택하는 것이다. 이는 죽음에 이르는 사랑으로 사랑 안에서의 자유가 지니는 의미를 우리에게 보여 주신 예수님의 길이다. 곧 사랑 안에서의 자유는 십자가로 이어진다. 하느님께 의탁하고, 자유로이 하느님 안에 사는 사람은 죽음을 두려워하지 않으며, 오히려 죽음이야말로 생명의 충만함에 필수적인 요소라고 여긴다. 그러한 사람에게 진정한 자유란 타인을 사랑하는 참된 헌신의 길이다.

열째 밤이자 마지막 밤에, 우리는 다른 이를 사랑함으로써 자신을 참으로 사랑하게 된다는 점을 깨닫게 된다.

다른 이와 일치하는 데서 자신을 발견하게 되기 때문이다. 자기 자신이 되게 하는 자유인 하느님의 뜻 안에서 살기 시작할 때에야 하느님 나라가 우리 삶을 통해 펼쳐진다. 그리스도는 우리가 사랑 속에서 자신을 내어 줄 때만이 살아 계신다. 사랑 속에 살려면 그리스도 안에서 살아야 한다. 아니 더 나아가서 우리 삶으로 그리스도를 보여야 한다. 이것이 그리스도교적 사랑의 의미다.

기도에서 순종으로, 순종에서 자유로 이르는 과정이 생명의 길이다. 하느님의 뜻을 추구하는 일은 생명을 추구하고, 인간이 되는 것이다. 리옹의 이레네오 성인은 하느님의 영광은 온전히 살아 있는 인간이라고 밝혔다. 하느님의 영광, 이것이 우리가 창조된 목적이며, 그 이상도 그 이하도 아니다.

우리 삶이 하느님께 영광을 드리고 있는가? 우리는 사랑 안에서의 자유를 누리면서 성장하고 있는가? 이 책이 즉각적인 해답은 주지 못할지라도, 마음과 영혼에 비옥

한 양분을 제공하길 바란다. 그리하여 작은 겨자씨와 같은 우리 삶이 커 나가 사랑이라는 수확의 결실을 얻길 소망해 본다.

일리아 델리오, OSF

차 례

들어가며 · 5

첫째 밤 ·· ✦ 일깨움과 발견 · 21
둘째 밤 ·· ✦ 기도 · 45
셋째 밤 ·· ✦ 갈망 · 87
넷째 밤 ·· ✦ 선택 · 105
다섯째 밤 ·· ✦ 하느님의 사랑으로 · 133
여섯째 밤 ·· ✦ 사랑의 무게 · 151
일곱째 밤 ·· ✦ 사랑의 달콤한 의탁 · 173
여덟째 밤 ·· ✦ 사랑의 물결 · 193
아홉째 밤 ·· ✦ 신앙 속의 자유 · 207
열째 밤 ·· ✦ 그리스도 안에 살기 · 229

나가며 · 258
옮긴이의 말 · 264
주 · 270

첫째 밤

:

일깨움과 발견

하느님 안에서의 삶은 측정할 수 없이 깊은 사랑을 관통하는 대담한 모험이다. 하느님은 사랑의 영을 통해 우리에게 생명을 불어넣어 주시며, 이 사랑의 영은 우리 삶이 지니는 일상의 숨결이다. 우리는 종이나 두려움에 떠는 피조물로서가 아니라 사랑하는 아버지의 자녀로서, 예수 그리스도의 형제자매로서, 성령의 배필로서 하느님께 속한다.

하느님과 함께하는 삶은 관계적이다. 하느님은 사랑의 삼위일체이시기 때문이다. 하느님은 '외톨이' 혹은 고립된 '사상가'가 아니다. 그분은 늙은 할아버지도, 담배에

찌든 사람도, 황제도 아니다. 하느님은 사랑 안에서의 위격들의 친교인 삼위일체이시다. 그러므로 관계는 우리가 '하느님의 뜻'이라고 말하는 것에 있어 토대가 된다. 토마스 머튼은 《새 명상의 씨》에서 하느님 뜻의 진정한 의미가 바로 관계라고 강조한다. 이어서 우리가 자주 하느님의 뜻을 사랑의 초대라기보다는 비인격적인 법으로 여긴다고 지적한다. 우리는 하느님의 뜻을 관상 속에서 이루어지는 친밀한 만남이라기보다 우리를 통제하는 힘처럼 생각한다. 그는 다음과 같이 밝힌다.

"하느님의 사랑은 우리가 어떤 상황에 있더라도 우리를 찾으려 하고 우리의 선익을 추구한다는 사실을 알아야 합니다."[3]

하느님의 뜻을 알아차리는 것은 우리 안팎에서 하느님 사랑을 일깨우는 일이다. 이는 우리가 사랑으로 창조되었으며, 사랑 안에 존재하며, 영원한 사랑을 향할 운명임을 깨닫는 것이다. 만약 모든 피조물이 사랑에서 나와 사랑으로 흘러간다면, 우리 존재의 유일한 이유는 바로 사랑하는 데 있다. 그리스도인은 사랑을 우선적으로 선택해야 한다.

하느님과 관련된 문제는 지극히 단순하다. 우리는 우리가 생각하는 모든 것을 하느님께 투영하여 하느님을 복잡하게 만들곤 한다. 예수 그리스도의 아름다움은 하느님의 계시이며, 이는 요한의 첫째 서간에서 요약된다.

"하느님은 사랑이십니다."(1요한 4,8 참조)

이 얼마나 단순한가? 그리고 이 사랑에서 모든 생명이 흘러넘친다.

왜 우리는 하느님 사랑에 대해 이야기하는가? 하느님의 뜻이란 우리를 향한 헤아릴 수 없는 그분 사랑이기 때문이다. 뜻에는 정서와 갈망이 담겨 있다. 이는 존재의 중요성을 가리킨다. 하느님의 뜻은 얻어야 할 '어떤 것'이나 규칙 또는 대상이 아니다. 이는 학위를 얻거나 알맞은 배우자를 찾는 일과는 다르다. 우리는 어떤 대상을 찾듯 하느님의 뜻을 찾을 수 없으며, 어떤 방법이나 삶의 계획을 따르듯이 하느님의 뜻을 따를 수도 없다. 우리는 수학 문제나 줄거리를 이해하는 것과 같은 방법으로 하느님의 사랑을 이해할 수 없다. 하느님의 뜻은 완전하고 단순하며 절대적인 사랑이며, 당신의 피조물을 향한 그분의 바람이다.

인간이 명예, 부, 우정, 행복 그리고 평화와 같은 많은 갈망으로 가득 차 있는 것처럼, 하느님도 갈망으로 가득 차 계신다. 하느님은 무엇보다도 우리가 온 마음을 다해 당신을 사랑하기를 바라시며, 그 사랑 안에서 당신께 영광을 돌리길 바라신다. 그러므로 하느님의 사랑과 바람을 떼어놓고서는 하느님의 뜻을 알 수 없다. 신앙은 하느님의 사랑을 믿는 일이며, 이는 우리의 이해를 넘어선다. 그것은 거룩한 사랑이고 영원하고 완전하며 불변하는 사랑이기 때문이다.

하느님의 뜻을 추구하는 일은 이웃, 가족, 공동체 혹은 창조물의 아름다움을 통해 드러나는 그분 사랑의 다양한 표현에 우리 자신을 열어 보이는 일이다. 하느님의 사랑은 신비롭다. 이해하거나, 형언할 수 없으며, 보이지도 않는다. 하지만 이 사랑은 우리 삶과 이 우주가 지닌 생명의 이유이기도 하다. 하느님의 사랑이 없었다면 우리는 존재하지 않았다.

하느님의 뜻은 우리를 향한 하느님의 사랑이며, 우리는 그러한 사랑을 접하고, 받아들이고, 사랑으로 응답할 준비를 갖춰야 한다. 우리 삶의 의미는 오직 하느님 사랑 안에서만 찾을 수 있다. 하느님 사랑의 깊은 곳에 우리의 행복, 평화, 희망, 그리고 삶의 충만함이 놓여 있다. 이 첫째 밤은 하느님의 심오한 단순함, 곧 '하느님은 사랑이시다.'라는 점을 숙고하는 것으로 충분하다.

'하느님의 뜻'은 무엇인가?

인생은 끊임없는 선택의 연속이다. 우리는 매일같이 결정을 내려야 하는데, 그중 일부는 작은 결정이고 일부는 '인생을 바꾸는' 중대한 결정이다. 이런 상황에서 무엇을 선택해야 할지 어떻게 알 수 있을까? 만약 우리가 직업을 바꾸거나, 혼인을 하거나, 수도회에 입회하기로 결정한다면, 이 선택이 하느님의 뜻이라고 어떻게 알 수 있을까? 만약 우리가 '잘못된' 선택을 한다면 하느님께서 우리를 벌하실까?

얼마 전, 내가 아는 한 젊은 여성이 수도회에 입회해서 공동체 생활에 적응하는 데 어려운 시간을 보낸 후 그곳을 떠나기로 결심했다. 그 여성은 올바른 식별의 과정을 거쳤지만, 여전히 자신이 내린 그 결정에 미심쩍어하면서, "하느님께서 이 일로 나에게 벌을 내리지 않으셨으면 합니다!"라고 말했다.

많은 사람이 하느님을 마치 쉽게 화내시거나 용서에

인색한 분이라 여기며 그분에 대한 두려움을 지니고 있다. 이는 구약 성경의 일부에서 드러나는 하느님의 모습이지만, 예수 그리스도라는 위격에서 드러난 하느님의 모습은 아니다. 예수 그리스도는 조건 없는 사랑의 하느님이시며, 우리에게 이 사랑의 눈으로 하느님의 뜻을 바라보라고 알려 주신다.

하느님의 뜻은 어떠한 조건 없이 그리고 자유로이 사랑하고자 하시는 하느님의 갈망이다. 또한 하느님의 뜻은 성부와 성자가 나누는 사랑에서 우러나오는 영원한 숨결인 성령 하느님이다. 우리는 이 영원한 사랑의 끝없는 행위를 통해 창조되었다. 그리고 인격적으로, 개별적으로 사랑을 나누고자 하시는 하느님의 갈망에 따라 창조되었다.

하느님은 사랑이시기 때문에 오직 사랑만을 바라시며, 사랑이 아닌 것은 하느님의 뜻이 아니다. 그렇기 때문에 어떤 재앙이나 불행도 하느님의 뜻이 아니다. 하느님은 우리의 멸망이나 파괴를 바라지 않으시며, 오직 우리의 생명만을 바라신다. 선한 사람들에게 나쁜 일이 일어나는 이유는 하느님께서 바라셨기 때문이 아니라 우리가 유한한 존재이기 때문이다. 모든 피조물의 운명은 하느님께 달려 있다. 모두 하느님께서 빚으시고 창조하셨기 때문이다. 비록 우리가 '하느님처럼 행동'함으로써 피조물에 악영향을 끼칠 수도 있으나, 하느님이 아니기에 피조물의 운명을 통제하기란 불가능하다.

최근 치명적인 토네이도가 미국 캔자스주에 있는 작은 마을을 강타해 대부분의 주민이 집을 잃었다. 그러나 많은 이가 토네이도로 인한 파괴를 하느님의 탓으로 돌리거나, 그들의 불행을 하느님의 뜻이라 보지 않았다. 오히려 다치지 않고 살아 있음에 감사하는 마음으로 함께 모여서 기도했다. 하느님은 오직 우리의 선익만을 바라시기에, 완전히 파괴된 것처럼 보이는 상황에서도 선을 끌어내신다.

희망은 모든 게 실패한 것처럼 보일 때에도 하느님의 선하심을 믿는 것을 뜻한다. 하느님은 사랑이시며 이 사랑은 실패하지 않는다고 진정으로 믿는다면, 희망은 어둠의 시대에 생명을 향하는 닻이 된다. 하느님만이 죽음을 생명으로 되돌리시기에 하느님의 뜻은 우리에게 희망이다. 상황이 잘못되어 우리를 둘러싼 세상이 수천 조각으로 갈라지더라도, 하느님의 뜻은 용기의 원천이 된다. 하느님의 뜻은 우리를 향한 당신의 신실하고도 변함없는 사랑이기 때문이다.

예수회 사제인 월터 취제크는 그의 저서 《나를 이끄시는 분》에서, 제2차 세계 대전 때 시베리아에 감금되었던 수년간의 고난과 박해를 통해 하느님께서 항상 현존하시며 사랑 속에서 불변하는 분이심을 깨달았다고 전한다. 취제크 신부의 이야기에서 흥미로운 점은, 그가 밝힌 대로 고난과 박해를 겪으며 하느님의 뜻을 점차적으로 이해하는 데 있다. 제2차 세계 대전이 발발하기 직전, 그는 러시아에 파견될 선교사의 소명을 수락함으로써 동방 가톨릭 신자들을 대상으로 사목하게 되었다. 그는 학부 논문으로 〈하느님 뜻을 향한 순종〉에 대해 썼는데, 여기서 자신의 삶 전체의 목표가 '하느님의 뜻을 행함'에 있다고 밝혔다. 그는 러시아로 가는 도중 먼저 폴란드에 들러 선교사로서 동쪽으로 파견되는 소명에 온 마음을 다해 응답했다. 하지만 폴란드에 도착한 지 얼마 되지 않아 러시아인들에게 붙잡혔다.

취제크 신부에게 체포와 감옥 생활은 생명의 광야를 떠도는 여정의 시작이었다. 많은 고통을 통해 그는 서서히 하느님의 뜻이 '자신의 의지' 대로는 이루어지지 않음을 깨달았다. 이는 오히려 하느님의 신실하심에 대한 강렬한 표현이었다. 그는 다음과 같이 말했다.

"우리가 하느님을 바라볼 때 하느님은 당신 사랑에 변함없으시다. 우리가 당신께 부르짖을 때, 그 어떤 폭풍우 속에서도 우리를 받쳐 주시며, 우리가 손을 뻗으면, 우리 손을 붙잡아 구해 주신다. 우리가 다시금 그분과 마주하고, 오직 그분께 신뢰를 두는 연습을 한다면, 그분은 거기에 계신다. 세상과 교회에서 일어나는 대격변은 모든 것의 종말을 뜻하지 않으며, 그분의 사랑이 끝나는 것은 더더욱 아니다. 그때는 우리가 확신했던 모든 것이 무너지는 때이며, 당신의 사랑과 항구함에 다시금 매달리고 의지하게 하는 가장 뛰어난 표징의 시간이다. …… 하느님은 당신의 섭리 안에서 신비로이 우리의 비극을 이용해 우리를 향한 당신의 현존과 사랑, 변함없는 관심과 배려를 우리의 타락한 인간 본성 안에 일깨우신다. 복수하고자 하시는 하느님을 그려서는 안 된다. 그분은 우리가 오랫동안 당신을 잊고 있었다고 해서 이를 벌하고자 재앙을 내리시는 분이 아니시다. 잘못은 우리에게 있다. 그분은 언제나 현존해 계시며, 언제나 신실하시다. 우리가 편하거나 안락할 때는 그분을 찾거나 바라보지 않음에도 말이다. 그분은 우리를 보살피시고 이끄시며 하루하루 살아갈 수 있도록 우리에게 필요한 것을 주신다. 그러나 우리는 기존 질서와 상황에 안주하며 지내는 동안에는 이러한 사실들을 기억하지 못한다."[4]

취제크 신부의 여정은 매우 고달픈 시간이었다. 그러나 그는 하느님께서 이 지상에는 영원한 본향이 없음을 우리에게 상기시키기 위해 때로는 우리가 속한 세상이 엉망이 되는 걸 허락하신다고 이해했다. 궁극적으로 하느님만을 붙들어야 함을 깨우치게 해 주시는 것이다.[5]

예수님은 산상 설교에서 이렇게 말씀하신다.

"목숨을 부지하려고 무엇을 먹을까, 무엇을 마실까, 또 몸을 보호하려고 무엇을 입을까 걱정하지 마라. 목숨이 음식보다 소중하고 몸이 옷보다 소중하지 않으냐? …… 하늘의 너희 아버지께서는 이 모든 것이 너희에게 필요함을 아신다. 너희는 먼저 하느님의 나라와 그분의 의로움을 찾아라. 그러면 이 모든 것도 곁들여 받게 될 것이다."(마태 6,25-33)

그렇기에 '하느님의 뜻'을 실행하고자 한다면 우리가 맞닥뜨린 상황에 연연하지 않고 오직 하느님만을 위해 선택해야 한다.

취제크 신부는 얼어붙은 시베리아 대륙에서 수년간 고난을 겪은 후에야 하느님의 신실하심을 배우게 되었다. 이러한 앎이 그의 마음 깊은 곳에 뿌리내리면서, 그는 "죽음도, 삶도, 천사도, 권세도, 현재의 것도, 미래의 것도, 권능도, 저 높은 것도, 저 깊은 곳도, 그 밖의 어떠한 피조물도 우리 주 그리스도 예수님에게서 드러난 하느님의 사랑에서 우리를 떼어 놓을 수 없다."(로마 8,38-39 참조)라는 사실을 깨닫게 되었다. 취제크 신부는 미국으로 돌아가기까지 23년간 시베리아에 살면서 하느님을 더욱 사랑하는 사람이 되었다. 그가 하느님에 대해 말하거나 성경을 펼칠 때에는 그의 눈에서 타보르산의 빛이 뿜어져 나왔다. 그는 자신의 일생을 통해 하느님의 뜻이 고정된 것이거나 강요하는 힘이 아니라 삶에 다가오는 폭풍우 속에서 우리를 단단히 고정해 주는 역동적인 사랑의 관계임을 말해 준다. 매 순간 하느님의 뜻을 추구하는 일은 영원한 현재 속에 사는 것이다.

하느님의 뜻을 어떻게 알 수 있을까?

많은 사람에게 '이것이 하느님의 뜻인지 어떻게 알 수 있는가?' 하는 의문이 생긴다. '당신을 위한 하느님의 뜻'을 구체적으로 알려 주는 책을 본 적이 있는가? 이러한 책은 절대로 찾을 수 없다. 하느님의 뜻은 어디 새겨져 있는 것도 찾을 수 있는 물건도 아니다. 우리 지성으로는 하느님의 뜻을 알 수 없다. 이는 배우자나 가장 친한 친구를 찾는 것과 같다. 이들을 찾으려면 살아가면서 사랑을 통해 찾는 수밖에 없다. 마찬가지로 하느님의 뜻을 행함으로써 하느님의 뜻을 알게 되고, 하느님 사랑 안에 살아감으로써 하느님의 뜻을 행하게 된다.

하느님의 뜻은 우리를 향한 그분의 사랑이다. 그렇기에 하느님의 뜻은 우리 밖이 아니라 우리 안에 있다. 이를 우선 인정해야 한다. 인간의 마음 깊은 곳에는 하느님 사랑의 법이 심어져 있다. 그리고 여기에 우리가 사는 이유와 우리 정체성에 관한 비밀이 숨겨져 있다. 하느님의 뜻을 발견하는 일은 우리가 존재해야 하는 이유를 매 순간 발견하는 것이다. 우리는 하느님 사랑을 찾기 위해 샅샅이 살필 필요가 없다. 그저 거울을 보듯 나 자신이 누구인지 살피면 된다. 하느님께서 우리 안에 계시기 때문이다. 그러므로 하느님의 뜻은 이기적이거나 나르시시즘적인 자기 사랑이 아니라, 하느님께서 창조하신 모습 그대로의 자기 자신을 사랑하는 데서 출발한다.

토마스 머튼은 자기 생명의 비밀이 하느님께 있다고 밝힌다. 우리가 우리 자신을 발견하면 하느님을 발견하는 것이며, 하느님을 찾으면 곧 참된 자아를 찾은 것이나 다름없다. 문제는 자기 자신을 찾을 수 없다는 점이다. 혹은 내가 찾은 나의 모습이, 내가 바라는 나의 모습과 같지 않다는 점이다. 우리는 다른 이들이 나를 더 매력적이거나 호감 가는 사람으로 보길 바라며 자기 자신이 아닌 다른 누군가가 되기를 원한다. 그러나 하느님께서 만드신 나와 다른 무엇이 되려고 애쓸수록 하느님에게서 멀어질 뿐만 아니라 하느님의 뜻에서도 멀어진다.

토마스 머튼은 하느님께서 만물을 그들 자신이 되도록 창조하셨다고 전한다. 그렇게 참된 자기 자신이 될 때 하느님의 영광이 자리하게 된다고 말이다.[6] 들판에 핀 해바라기는 그저 자기 자신일 뿐이기에 하느님의 얼굴을 우러러볼 수 있는 성인에 비견된다. 이처럼 우리도 하느님께 영광을 드리기 위해서는 자기 자신이 되어야 한다.

소비문화는 하느님의 뜻과 멀어지게 만든다. 우상이라는 유혹을 통해 인간 인격을 폄하하기 때문이다. 이러한 문화 아래서 우리는 자신과 다른 새로운 무언가가 되도록 끊임없이 도전을 받는다. 사람들은 지배력이 강한 소비주의의 문화 속에서 (하느님께서 창조하신) 참된 자아와 (우리가 만든) 거짓 자아 사이의 분열을 경험하며, 참된 정체성을 찾기 위해 고군분투해야 한다.

토마스 머튼은 우리가 진정한 자아에서 멀어질수록 거짓 자아에 사로잡히게 된다고 주장했다. 곧 하느님께서 창조하신 모습에서 멀어질수록 내가 되고 싶어 하는 자아이자 하느님에게서 멀어진 자아에 사로잡히게 된다고 말했다. 하느님은 거짓 자아를 창조하지 않으셨기에 이러한 거짓 자아에 살게 되면 하느님을 바라볼 수 없다. 하느님의 뜻을 바라보지 못하게 되는 것이다. 하느님을 바라보지 못하게 만드는 거짓 자아는 대개 혼란스럽고 불행하다. 이러한 자아는 어둠 속에 있기에 시간과 관심을 강요하고, 참된 자아에서 멀어지게 만든다. 내 생명의 씨앗은 하느님께 있는데 말이다.

우리가 거짓 자아 속에 살면 필연적으로 올바르지 못한 선택을 내리게 된다. 부모님을 만족시키기 위해 결혼을 한다든지, 빚을 갚기 위해 수도 생활에 입문하든지 하는 선택을 하게 되는 것이다. 또 어떤 사람은 책임을 지는 데서 자유로워지기 위해 독신의 삶을 선택하기도 한다. 충만한 삶을 지향하지 않는 상태로 선택을 할 때, 불행이라는 삶의 구렁은 깊어진다. 하느님의 뜻이 부, 명예, 인정, 행운, 쾌락과 같은 지나가는 것들을 사랑하는 거짓 자아로 대체되기 때문이다. 하느님 사랑에서 비롯된 게 아니라면 그 무엇도 우리에게 행복을 줄 수 없다.

하지만 하느님께서 창조하신 모습 그대로의 자기 자신을 발견하고 받아들인다면, 나를 향한 하느님의 사랑, 곧 하느님의 뜻을 받아들이게 된다. 참된 자기 자신을 발견한 이는 다른 이유가 아니라 하느님의 뜻에 따라 지금 이 시간, 이 장소에 있다는 사실을 깨닫는다. 우리는 존재하지 않거나, 다른 시간과 다른 장소에 존재했을 수도 있다. 내가 여기에 있다는 사실은 단순한 기회나 우연을 넘어선 하나의 사건이다. 내가 여기에 있는 이유는 내가 다른 것을 선택하는 것처럼 여기에 있기로 선택해서가 아니다. (참으로 하느님의 사랑인) 하느님의 뜻이 나를 여기에 있게 했기 때문이다. 이 사랑을 깨닫는다면 내가 있고 싶은 곳이나 내가 되고 싶은 존재를 떨쳐 버리고, 어디에 있든 나 자신이 누구인지를 받아들이고 하느님의 영광 속에서 자유로이 살아가게 될 것이다.

그러므로 우리 행복의 유일한 원천은 우리 안에 깃든 하느님의 사랑이다. 우리는 이 사랑으로부터 각자의 인격을 통해 그리고 하느님께서 창조하신 고유한 모습을 통해 영원토록 하느님께 영광을 드리도록 선택되었다.

✦ 잠시 묵상하기

· 나에게 하느님은 누구이신가?

· 나는 하느님의 뜻을 어떻게 이해하며, 그것을 어떻게 추구하는가?

· 나는 하느님의 목소리에 얼마나 귀 기울이고 있는가?

:

우리는
사랑으로 창조되었다.
우리는 사랑 안에 존재하며,
영원한 사랑을 향할 운명이다.

둘째 밤

:

기도

기도는 하느님과 맺는 관계에 관한 것이다. 우리가 그분께 드리는 질문이나 우리가 바치는 기도의 마지막에는 결국 하느님에 대한 질문이 중심에 있다. 이는 하느님에 관해 뭐라고 말해야 하는지, 하느님과 인간이 어떤 관계인지 이해하려고 드리는 질문이다.[7]

하느님은 우리 삶의 방향을 안내해 주시는 분이시다. 사랑의 결합을 통해 하느님의 뜻을 잘 파악하게 된다면, 하느님과 맺은 관계는 기도를 통해서 커 나간다. 즉, 기도는 하느님을 향한 인간의 갈망이다. 이는 하느님과 관계를 맺고자 하는 열망이며, 그 열망에 대한 하느님의 관심이다. 위대한 영성가, 히포의 아우구스티노 성인은 《고백록》의 첫머리에 다음과 같이 밝힌다.

"하느님 당신을 위해 우리를 창조하셨으니, 당신 품에서 쉴 때까지 내 마음은 쉴 곳이 없었나이다."[8]

우리는 하느님께 창조되었기에 하느님을 갈구한다. 이 갈망은 하느님께 있는 우리 희망의 원천이자, 견디게 하는 힘이다. 기도는 내 삶의 완성이 하느님께 있다는 점을 일깨운다.

하느님은 당신이 창조하신 피조물을 보고 기뻐하시며, 우리 각자를 인격적으로 사랑하신다. 그러므로 기도는 내 안에서 숨 쉬시고, 내 삶의 영이 되고자 하시며, 삶의 완성으로 나를 이끌고자 하시는 하느님의 갈망이다. 내가 기도할 때, 곧 내가 하느님과 함께 숨 쉴 때, 나는 하느님 생명과 가까워지게 된다. 프란치스코회 신학자

였던 보나벤투라 성인은 "하느님은 우리 자신보다 우리에게 더 가까운 분이시다."라고 했다.[9]

우리는 기도를 할 때 우리 삶 안에 머물고 계시는 친밀하신 하느님을 깨닫게 된다. 세상이 타락하였을지라도 언제나 사랑 안에서 신실하신 그분을 깨닫게 된다. 바오로 사도는 티모테오에게 보낸 둘째 서간에서 이렇게 말한다.

"우리가 견디어 내면 그분과 함께 다스릴 것이며 우리가 그분을 모른다고 하면 그분도 우리를 모른다고 하실 것입니다. 우리는 성실하지 못해도 그분께서는 언제나 성실하시니 그러한 당신 자신을 부정하실 수 없기 때문입니다."(2티모 2,12-13)

기도는 '모든 근심과 걱정을 제쳐 두고' 내 삶의 중심을 하느님께 두는 일이다. 곧 내 마음을 하느님께 의탁하고 순수한 사랑을 위해 노력해야 한다. 하느님과 친밀해지기를 바라는 사람은 인간적인 것이거나 지상의 것들과 관련된 모든 의무와 집착에서 전적으로 자유로워지려고 애쓴다. 그렇다고 가정이나 친구들 혹은 더 나은 직장이나 자리에 대한 갈망을 포기해야 하는 것은 아니다. 여기서 말하는 집착이란 소유욕으로 이해하는 게 좋다.

우리는 하느님을 소유하기 위해 지상의 것을 포기하라고 부르심을 받았다. 소유란 어떤 것을 꽉 쥐고서 다른 가능성을 배제하는 일이다. 부모는 자녀를 소유하고 자녀도 부모를 소유한다. 배우자나 친구들도 서로를 소유한다. 그러나 우리는 각자 붙잡고 있는 것들을 포기함으로써 영적으로 가난한 이가 되라고 부르심을 받았다. 그렇게 될 때 성령께서 주시는 선물을 받게 된다.

하느님 안에 살아가면서 하느님의 뜻을 추구하는 일은 하느님께 속하게 됨을 의미한다. 토마스 머튼은 나의 마음과 정신이 하느님께 속하지 않는다면, 나 자신 역시 하느님께 속하지 않는다고 주장했다. 행복의 비밀이 하느님의 사랑과 자비에 있음을 알지 못한 채, 우리는 자기 자신의 거짓 자아로 뒤덮인 세상 안에서 쉼 없이 찾아 헤맨다.

오직 마음이 깨끗한 이들만이 '하느님을 바라보게' 되는데, 마음이 순수한 이들이야말로 하느님을 삶의 중심으로 소중히 여기기 때문이다. 마음의 깨끗함은 단순히 초탈함이나 자기 비움이 아니다. 마음이 깨끗해지려면 내재된 성령의 힘을 통해 삼위일체와 하나 됨이라는 참되고 가장 완전한 선에 대해 전적으로 의탁해야 한다.

우리 마음은 '높은 곳에서' 지상의 것들을 바라볼 때, 곧 그들의 참된 가치를 바라보게 될 때 완전해진다. 모든 것 안에 현존하시는 하느님의 신비를 찾을 때, 모든 피조물이 하느님의 선하심을 나타낸다는 사실을 깨달을 때 우리는 '천상의 것을 추구'하게 된다. 주님의 영은 정결한 마음 안에 사시기에, 마음의 깨끗함을 위해 노력하는 사람은 성령의 참된 성전이며 그곳에서 끊임없이 성부께 기도를 바칠 수 있다.

기도란 우리 안에 머물고 계시는 하느님께 자기 자신을 열어 보이는 일이다. 이는 하느님께 아무것도 숨기지 않으며, 그분과 모든 것을 나눔을 의미한다. 또한 하느님은 언제나 우리를 찾으시고, 이미 우리를 발견하셨기에 하느님께 열어 보이면 그분도 당신을 우리에게 드러내 보이신다. 이렇게 하느님의 은총을 받을 때 우리는 두려움을 떨칠 수 있고, 하느님을 우리 삶의 하느님으로 여길 수 있다.

참된 기도야말로 하느님 안에서 살게 해 주는 토대다. 회심의 은총은 우리 삶 안에서 겸손히 자신의 현존을 드러내시는 하느님을 알아볼 수 있도록 마음을 열어 준다. 마음으로 기도를 드리면 하느님은 우리에게 숨을 불어 넣으시고 우리 마음을 끝없이 하느님께 향하도록 해 주신다.

거룩하신 분의 생명 속에 살아가는 삶의 의미를 더욱 깊이 깨닫게 되면 자기를 발견하게 된다. 기도를 통해 우리는 참된 자아, 곧 하느님께서 바라시는 대로 창조하신 우리 자신을 발견하게 되는 것이다. 이 자아는 하느님의 말씀이며, 하느님의 자기 표현이다. 우리가 삶으로 하느님을 '말할 수' 있게 될 때, 말씀은 우리 삶을 비춘다. 하느님은 그렇게 세상 속에 살아 계시게 된다.

하느님 안에서 살려면 대담한 사랑의 모험을 해야 한다. 그러나 많은 경우 평범함 속에 안주하려 한다. 매일 기도하는 습관을 들이는 것도 마찬가지다. 다들 그런 습관을 들이려고 하지만 여러 가지 이유로 혹은 단순히 하기 싫어서 자신을 전적으로 하느님께 바치지 못한다. 평범함 속에 안주하는 일은 하느님보다 못한 것에 만족한다는 사실을 가리킨다. 이는 우리를 충족시키지 못하는 결과를 낳고, 이로 인해 우리 마음은 불안에 떨게 된다.

우리는 잃어버린 동전을 찾듯 하느님의 뜻을 추구하나 쉽게 포기한다. 우리가 하느님의 뜻을 갈망한다면, 사랑 때문에 생겨나는 위험을 기꺼이 감수해야 한다. 기도는 역동적이며 생명을 선사하는 하느님과 관계를 맺는 일이다. 우리는 이 관계를 통해 하느님 말씀 안에서 자라나고, 하느님 은총 속에서 굳건해지며, 하느님 사랑 안에서 자유롭게 성장하여 감히 상상할 수 없는 그분과 함께하는 꿈을 그리게 된다.

감각 일깨우기

매년, 매 계절, 매일, 그리고 모든 순간에 하느님은 우리에게 말을 건네신다. 우주에서 수없이 많은 방식으로 끊임없이 폭발이 일어나는 모습처럼 하느님은 우리에게 말씀하신다. 토마스 머튼은 어떤 의미에서 보면 하느님의 '말씀'은 하느님 뜻을 모두 표현하고 있기에 그것이야말로 새로운 생명의 '씨앗'이라고 주장했다.

> "우리는 항상 변화하는 현실에 살면서 하느님과 끊임없이 대화하는 법을 배워야 합니다. …… 이는 사랑

의 대화이자 식별의 대화, 마음 깊은 곳의 대화입니다."[10]

기도란 하느님의 현존에 귀 기울이는 일이다. 이는 우리가 혼자가 아니며 하느님의 품에 안겨 있다는 사실을 일깨워 준다. 또한 기도란 하느님의 자애로운 사랑을 깨닫지 못하게 막는 것들을 제거하는 일이다. 곧 우리 마음속에 자리 잡은 바위를 치우는 일이다.

하느님은 사랑이시며 이 사랑은 자신을 표현하고자 하기에 하느님은 늘 말씀하신다. 어떤 사건에서도, 어떤 상황에서도, 또 우리 주변의 누구라도 우리에게 말을 건네시는 하느님의 표현이 될 수 있다. 토마스 머튼은 이러한 관점을 다음과 같이 아름답게 표현했다.

"나를 햇볕으로 따뜻하게 해 주는 것도 하느님 사랑이며, 시원한 비를 내려 주는 것도 하느님 사랑입니다. 음식을 주셔서 나를 육체적으로 성장시키시는 것도 하느님 사랑이며, 주림과 금식으로 나를 영적으로 성장시키시는 것도 하느님 사랑입니다. 내가 춥고 병들었을 때에 겨울을 보내 주는 것도 하느님 사랑이며, 내가 일하며 옷이 땀에 절었을 때에 뜨거운 여름을 보내 주는 것도 하느님 사랑입니다. 하느님 사랑은 강바람으로 속삭이시고 숲속의 미풍으로 나를 식혀 주십니다. 하느님의 사랑은 내 머리 위에 무화과나무 그늘을 드리워 주시고 일꾼들이 쉬고 나귀들은 나무 밑에 서 있을 때에 밀밭을 따라 샘에 가서 물을 한 통 길어 오는 소년을 보내 주십니다. …… 이 씨앗들이 나의 자유에 뿌리를 내리고 나의 자유에서 하느님의 뜻이 싹트면 나는 하느님이신 사랑이 될 것이고 하느님의 영광과 나의 기쁨은 나의 수확이 될 것입니다."[11]

우리와 우리 주변, 우리 사이에 있는 모든 것을 통해

하느님께서 말씀하신다면, 그리고 사랑 속에서 우리와 가까이 계시고자 몸을 굽히고 계시다면, 왜 우리는 어둠 속에서 길을 잃고 헤매고 있을까? 하느님의 뜻을 찾는 게 왜 그렇게 어려운가? 아마도 하느님 현존의 소리, 향기, 시선을 차단한 채, 자신 안에 갇혀 있기 때문이리라.

우리는 감각을 일깨워야 한다. 삶을 뒤흔드는 힘들고 어려운 상황에서도 하느님 현존의 아름다움을 볼 수 있는 눈, 들을 수 있는 귀, 만질 수 있는 손, 맛볼 수 있는 혀, 향기를 맡을 수 있는 코를 일깨워야 한다. 모든 계절, 모든 상황, 모든 인격을 관통하여 하느님은 매 순간 사랑이시다.

하지만 우리 눈은 가려져 앞을 볼 수 없고 귀가 막혀 들리지 않기에 하느님의 현존에 무감각하다. 우리는 하느님께서 현존해 계시지 않은 것처럼 여기며 이 세상을 살아가는 것이다. 그래서 자기 생각에만 잠기고, 자기 걱정에 얽매이며, 자기 자신에게 몰두하게 된다. 어느 날,

결정의 기로에 서서 "하느님의 뜻이 무엇인가?"라고 물을 때까지.

니코스 카잔차키스는 《영혼의 자서전》에서 한 젊은이가 하느님의 사랑과 구원의 희망을 찾기 위해 유명한 수도자를 찾아간 일화를 전해 준다. 그는 두 사람의 만남에 대해 다음과 같이 설명한다.

> 나는 용기를 내어 동굴에 들어가 소리가 나는 곳을 향해 걸어갔다. 은수자는 땅에 웅크리고 있었다. 그가 고개를 들자, 나는 형언할 수 없는 지복직관의 빛을 내는 그의 얼굴을 볼 수 있었다.
>
> 나는 무슨 말을 해야 할지, 어디서부터 시작해야 할지 몰랐지만, 용기를 내어 물었다.
>
> "마카리오 신부님, 아직 마귀와 싸우고 계십니까?"
>
> "더 이상 씨름하고 있지 않습니다. 이제 나는 늙었고, 그 역시도 늙었습니다. 그는 더 이상 힘이 없습니

다. 나는 하느님과 씨름하고 있습니다."

"하느님이요?"

나는 놀라서 소리쳤다.

"하느님께 이기고 싶으신가요?"

"지고 싶습니다. 하지만 여전히 내 안의 뼈들은 저항하고 있군요."

"신부님, 당신의 삶은 고달프군요. 저도 구원을 받고 싶습니다만…… 다른 방법은 없나요?"

은수자는 동정 어린 미소를 지으며 "좀 더 받아들일 수 있게 말입니까?"라고 물었다.

"인간적인 방법으로요, 신부님."

"그렇다면 하나, 오직 하나뿐입니다."

"무엇입니까?"

"단계를 밟아 오르십시오. 배부름에서 배고픔에 이르기까지, 해갈에서 목마름에 이르기까지, 기쁨에서 고통에 이르기까지 말입니다. 하느님께서는 배고픔과 갈증, 고통의 정상에 계시며, 악마는 편안한 삶의 정상에 앉아 있습니다. 선택하십시오."

"저는 여전히 젊은데요. 세상은 즐겁고요. 그리고 무엇보다도 선택할 수 있는 시간이 많이 있어요."

은수자는 손을 뻗으며 내 무릎을 만지면서 밀쳤다.

"형제여, 일어나십시오. 죽음이 당신을 깨우기 전에 일어나야 합니다."[12]

일어나라! 우리 중 얼마나 많은 사람이 부와 즐거움의 꿈에 사로잡혀 잠들어 있는가. 그동안 우리 주변에서는 친구들이 죽어 가고, 아이들은 외로움을 느끼며, 노인들은 버려지고 있지 않은가. 하지만 자기 자신만을 신경 쓰는 데 꽁꽁 싸여 있기에, 하느님 백성이 살고 있는 이 세상에는 무감각해져 버렸다. 우리 안에 계신 하느님의 영에 무감각해졌기에.

하느님의 뜻을 추구하려면 우리 안팎에 있는 것과 우

리 생명을 양육하는 것들에 깨어 있어야 한다. 그렇지 않으면 죽음이 빠르게 우리를 덮칠 것이고, 육체적으로 살아 있다고 보일지라도 영적으로는 죽어 있기에 마지못해 끌려가는 것처럼 살아가게 된다.

살아 있다는 것은 무엇을 뜻하는가? 살아 있는 유기체의 생물학적 기능을 가리키는가? 이는 오늘날 생명 의료 윤리의 근본적 질문이기도 하다. 생명 유지 장치가 생명을 만드는가? 많은 경우에 사람들은 숨을 쉬기 위해 호흡을 도와주는 장치가 필요치 않지만, 그렇다고 온전히 살아 있지는 않다. 또 어떤 사람들은 육신을 움직이지 못하나, 온전히 살아 있는 경우도 있다. 이들을 무엇으로 구별하는가?

영적으로 죽은 사람은 리모컨으로 조종되듯 가족, 일, 식사, 수면과도 같은 일상생활을 쳇바퀴처럼 살아 내는 이들을 가리킨다. 이런 사람들은 가난한 사람들에게 필요한 것, 세상이 우리에게 요구하는 것, 혹은 그들 자신에게 영적으로 필요한 것을 거의 인식하지 못한다. 하느님뿐만 아니라 다른 이들과도 영적으로 단절되었기 때문이다. 그들의 삶은 위기가 발생하거나, 어쩔 수 없이 선택을 내려야 할 때까지 자동 항법 장치에 자신을 내맡긴 조종사와 같다.

반면 신체적 장애가 있더라도, 신실하신 하느님의 현존에 순응하며 생기 있게 살아가는 이들이 있다. 이들은 친구들을 통해 혹은 이웃의 작은 친절한 행동들을 통해 자신에게 나타나는 하느님 사랑에 기뻐한다. 그들에게 삶은 경이로움과 아름다움으로 가득 차 있으며, 하루하루를 그들이 받은 소중한 선물로 여기며 살아간다.

살아 있다는 것은 하느님과 관계를 맺는 일이다. 즉 '감사합니다.'라고 표현할 수 있는 상대방이 있다는 사실을 가리킨다. 하느님께서 생명의 근원이시며 생명 그 자체시라면, 이 생명은 관계를 의미한다. 우리가 살아 있다면, 언제나 다른 사람과 관계 맺기 마련이다. 공항이나 쇼핑몰의 의자에 앉아 젊은 부부나 자녀가 있는 가족, 혹은 할아버지 할머니와 함께 있는 아이들을 보면 삶이 관계성을 지니고 있다는 점을 깨닫게 된다. 곧 우리는 각자 다른 이들과 관련되어 있으며, 이러한 관계 안에서 생명이 움트고 있음을 알게 된다.

살아 있기에 우리는 관계를 통해 생명을 낳는 데 참여하며, 그렇기에 창조하는 일을 하는 것과 마찬가지다. 관계를 통해 새로운 이상이 생겨나고, 새로운 우정이 생겨나며, 새로운 희망의 원천이 표현되고, 새로운 아름다움이 창조되며, 새로운 생명이 나오게 된다. 우리가 자신 안에 갇혀 우리를 넘어서는 경험을 하지 못한다면 우리는 살아 있는 것처럼 보이지 않을 것이다. 그리고 이는 분명 하느님의 뜻에 따라 사는 게 아닐 것이다.

오늘날 우리가 생각하는 성공의 비결은 부와 학벌, 지위, 물질적인 것 등이다. 그러나 이는 하느님 안에서 사는 데 걸림돌이 된다. 이러한 것들은 우리가 열심히 일해서 얻게 된 결과물들이다. 그러나 우리는 이로 인해 우리가 주체적이라고 여기며, 스스로 충분하다고 생각한다. 그리고 궁극적으로는 다른 이들뿐만 아니라 자신의 내적 자아와도 단절된다. 그렇기에 성공은 우리를 곤란하게 만들 수 있다. 이러한 세상의 관점에서의 성공이 하느님의 현존 앞에서 우리 눈을 멀게 만들고 들리지 않게 만들기 때문이다.

오늘날 하느님의 뜻을 추구하기 위해서는 다시 한번 어린아이처럼 되어야 한다. 단순함, 마음의 순수함, 그리고 세상을 향한 경외심을 내면에서부터 다시금 불붙게 해야 한다.

"너희가 회개하여 어린이처럼 되지 않으면, 결코 하늘나라에 들어가지 못한다."(마태 18,3)

카잔자키스는 다음과 같이 적었다.

"어린아이였을 때, 나는 하늘, 곤충, 바다, 바람 등 내가 보거나 만지는 것과 하나가 되었다. 만족스러운 듯 눈을 감으면서, 손바닥을 내밀고 기다리곤 했다."[13]

우리는 로널드 롤하이저의 말을 다시 상기할 필요가 있다.

"인식의 고통스러운 정화 속에서도 우리가 어린이와 같은 자세로 남아 있는 한 하느님은 언제나 우리에게 다가오신다."[14]

성공이 하느님의 현존을 바라보지 못하게 만든다면, 그러한 성공을 포장하고 있는 껍데기를 벗겨 내야 한다. 하느님의 뜻에 따라 자유롭게 살기 위해선 어린아이처럼 취약해져야 한다.

듣기: 순명의 기술

최근에 겪었던 일이다. 기계 결함으로 인해 타야 할 비행기가 연착되어 공항에 앉아 기다리고 있을 때였다. 우연히 내 옆에 앉은 젊은 여성이 전화로 통화하는 걸 엿듣게 되었다. 그녀는 친구들에게 주말에 다녀온 수도회에 대해 이야기하고 있었다. 그런데 어느 순간 그녀의 말에 웃음이 터졌다.

"나는 모든 수녀님과 잘 지내려 했지만, 장상 수녀님을 의식할 수 밖에 없었어. 내가 만약 이 수도회에서 순명 서원을 하게 되면, 그분이 내리는 지시를 모두 지켜야 하기 때문이야."

1984년 1월, 처음 수도회에 입회했을 때, 나는 금욕적인 삶을 추구했다. 그러한 방법이 틀림없이 하느님께 이끌어 주리라고 생각했기 때문이다. 내가 입회한 수도회는 펜실베이니아주의 작은 산에 위치한 맨발의 가르멜 수도회 공동체였다. 나는 거기서 순명 서약을 가장 두려워했다. 혼자 살면서 독립적인 결정을 내리는 데 익숙했기 때문이다. 무엇을 하라는(혹은 하지 말라는) 다른 사람의 명령을 어떻게 받아들일 수 있을까 고민이 되었다.

어느 날 판넬로 새 방을 만들어 달라는 부탁을 받았을 때, 그러한 두려움은 현실이 되었다. 판넬로 어떻게 방을 만드는지 몰랐기에 항의했으나 그러한 항의는 허사였다. 이는 내가 해야 할 숙제였고, 순명으로의 부르심이었다. 나는 그 명령에 복종해야 했다.

오랜 세월이 지난 후에야 나는 순명과 하느님의 뜻 사이의 관계를 알아차리게 되었다. 순명은 군대의 명령이나 약한 인간 본성을 통제하려는 힘이 아니다. 순명은 오히려 관계적이다.

순명obedience이라는 단어의 어원은 '듣다'를 의미하는 라틴어 오보디에레obodiere에 있다. 순명은 경청이며, 경청은 관계를 암시한다. 누군가가 말을 할 때 다른 사람이 있다는 사실을 전제하듯 말이다.

바르바라 피안드는 수도 생활에 있어 순명에 관한 전통적인 관점이 '길들여진 무지conditioned blindness'라는 결과를 초래했다고 지적했다. 이 관점은 두려움에서 벗어나기 위해서든, 하느님을 위해서든 맹목적으로 명령에 복종하는 것을 가리킨다. 피안드는 자기 자신의 핵심을 자기 밖에서 찾으려 하는 자세로 인해 우리는 자신을 향한 불신과 스스로 자격이 없다고 여기는 마음을 갖게 되었다고 주장했다. 그래서 '더 나은' 혹은 '더 자격 있는' 조언을 해 주고 지도해 주는 장상들에게 복종하게 된다고 말했다.[15]

하느님과 인간 공동체 안에서 궁극적으로 성숙하려면, 자유로운 관계에 이르도록 참된 성장을 하려면 (외부에서 규율을 찾으려는) 타율성에서 (내적인 규율을 세우는) 자율성으로 움직여야 한다.

또한 피안드는 신약 성경에서의 예수님의 순종은 어떠한 명령을 따르는 게 아니라 '들음의 과정'에 가깝다고 지적한다.[16] 성경에서 예수님은 어떤 명령을 따르신 적이 거의 없다. 그렇지만 권위를 지니신 분의 명령에는 순종하셨다. 예수님이 따른 권위의 유일한 원천은 바로 성부의 뜻이었다. 그분은 자신의 모든 행동을 주관하시는 성부와 기도를 통해 내적 관계를 맺고 모든 일을 하셨다.

하느님의 뜻을 추구하는 것이 하느님의 사랑 속에 사는 일이라면, 순명은 이 사랑을 키우지 억제하지 않는다. 순명은 사랑에서 비롯된 자기 자신을 자유로이 다른 이에게 선사한다. 순명의 삶을 사는 이는 들을 때 주의를 기울여야 한다. 베네딕도 성인은 《수도 규칙서》 첫머리에 이렇게 썼다.

> "오 아들아, 스승의 계명을 경청하고 네 마음의 귀를 기울이며 어진 아버지의 훈시를 기꺼이 받아들여라."[17]

경청은 개방성과 수용성, 그리고 우리가 들은 것을 삶으로 받아들이고 그에 응답할 준비를 하는 가난함을 요구한다. 하느님 뜻대로 산다는 것은 다른 사람, 우리 삶에서 일어나는 사건, 창조의 아름다움, 그리고 내면을 통해 우리에게 말씀하시는 하느님께 귀 기울이는 일이다. 그러나 여과 없이 듣기 위해서는 두려움에서 벗어나야 한다. 나의 생각과 관점에서 초탈해야 하며, 판단이나 요구에서 자유로워져야 한다. 우리가 들은 것을 걸러 내고, 우리의 기대를 강요한다면, 기대하지 않은 방식으로 들려오는 아름답고도 감미로운 하느님의 뜻을 듣지 못할 수도 있다. 하느님의 뜻에 귀를 기울이려면 겸손이 필요하다. 그분의 말씀을 받아들이기 어려울 때나 듣고 싶지 않을 때조차 나 자신을 내려놓아야 한다. 때로는 약하고 부서지기 쉬운 인간성을 통해 말씀하실지라도 우리는 그렇게 해야 한다.

고독

경청은 성령의 행위다. 이는 다른 사람의 음성에서 하느님의 음성을 식별하도록 해 주는, 마음이 지닌 영적인 청력과 같다. 아시시의 프란치스코 성인은 그의 제자들에게 삶에서 성령의 현존을 의식하고, '그 무엇보다' 주님의 성령과 그분의 거룩한 활동을 최우선으로 삼으라고 가르쳤다.

하느님께서 우리 마음 안에 머무시도록 자리를 마련할 때, 성령께서 우리 삶으로 들어오신다. 이것이 그리스도인들에게 가장 완전한 기도가 바로 주님의 기도인 까닭이다. 주님의 기도는 "아버지의 뜻이 하늘에서와 같이 땅에서도 이루어지소서."라고 기도하기에, 우리 마음을 영으로 가득 차게 한다.

"아버지의 뜻이 하늘에서와 같이 땅에서도 이루어지소서."는 무슨 뜻인가? 이는 온 마음으로 하느님을 사랑하는 것을 말한다. 그러기 위해 우리는 하느님을 우리 삶

한가운데 모시며, 언제나 하느님을 갈망하고, 모든 일에서 하느님의 영광을 추구하며, 하느님께 우리의 모든 지향을 두어야 한다. 또한 이는 이웃을 자기 자신처럼 사랑하는 것을 의미한다. 그러기 위해서는 타인을 하느님의 사랑으로 이끌고, 어느 누구도 상처받지 않게 애쓰며, 다른 이들에게 기쁜 일이 있을 때 우리 일인 양 기뻐하고, 불행이 닥친 이들과 함께 아파해야 한다.

하지만 바쁜 세상 속에서 이는 무리한 요구처럼 들린다. 어떻게 해야 하느님으로 충만하여 모든 것을 하느님께 바칠 수 있을까? 어떻게 해야 하느님을 우리 한가운데 모실 수 있는가? 정말로 천국을 맛보는 것처럼 하느님의 뜻을 살아 낼 수 있는가? 그렇다. 우리는 이러한 방식으로 살 수 있을 뿐 아니라, 하느님 안에서 온전히 살아가도록 창조되었다.

고독은 하느님 안에서 우리 자신을 발견하는 데 필수적인 요소다. 고독은 혼자 외로이 있는 것이 아니라 하느님과 단둘이 있음을 뜻한다. 우리가 고독에 들어서기 위해서는, 조용하고도 부드러운 현존으로 오시는 하느님께 주의를 기울일 수 있도록 고요한 가운데 있어야 한다. 이는 쉬운 일처럼 보이나 대부분의 사람들은 어려워한다. '잠깐의 멈춤time out'을 요구하기 때문이다.

바쁘디바쁜 오늘날, 세상에서의 삶을 천천히 살아야 한다는 주장은 멍청하게 들릴지 모른다. 또한 잠시 멈추고 쉬더라도, 무엇을 해야 할지 모르는 경우가 많다. 보통 그러한 빈 시간을 책 읽기, 음악 듣기, 걷기, 또는 운동으로 채우기 시작한다. 우리는 그저 얼마 동안만이라도 가만히 앉아 있질 못한다. 심지어 피정조차도 바쁘기 그지없다. 강의, 식사 시간, 기도 시간, 그리고 영적 독서 시간까지 계획되어 있으니 말이다.

무엇인가 하지 않고서 가만히 있지를 못하는 우리는 능률적인 일들과 채워지지 않는 존재라는 딜레마에 빠진 자신을 발견하고 만다. 우리는 바쁘지만 동시에 지루

해한다. 시간을 가지고 앉아서 하느님을 인내로이 기다리지 못하기에, 하느님 안에서 참된 자기 자신을 발견하지 못하며, 하느님께서 바라시는 인격의 충만함을 누리지 못하게 된다.

이 세상에서 유일하면서도 참된 업적은 바로 하느님께서 창조하시고 원하신 모습대로 완전한 인간이 되는 일이다. 참된 존재가 될수록 우리 활동은 더더욱 효과적일 것이다. 하느님께 더욱 뿌리를 내리게 되는 것이다.

최근 은수자의 삶을 서원한 친구가 지역 신문에서 그녀의 경험을 나누어 달라는 요청을 받았다고 한다. 이 친구는 퇴행성 신경 근육 질환으로 인해 휠체어를 타는 장애인이었으나, 능력 있는 심리학자이자 이콘을 그리는 이코노그래퍼였다. 그녀는 자신의 은수자 생활을 이렇게 묘사했다.

Q. 은수자 생활을 무엇에 비길 수 있습니까?

A. 음…… 어느 것과도 비교할 수 없습니다. 이 생활은 모든 감각을 마음 한가운데에 집중하도록 해 줍니다. 저는 고독 속에서 마음의 눈으로 벌거벗겨진 현실을 바라봅니다. 그러나 다른 차원에서 응시하게 되지요. 저는 오늘 빗소리에 눈을 뜨게 되었음을 압니다.

봄비여, 찬양받으라. 그대는 세상의 얼굴을 새롭게 하기에. 현실을 보여 주는 소중한 얼굴이기에. 곧 우리 모두가 **하느님으로 흠뻑 젖어 있는** 현실을 보여 주기에. 이보다 더 무엇을 말할 필요가 있을까요? 은수자 생활은 어떤 것과도 비길 수 없습니다. 모든 감각이 마음속에 모여들기 때문입니다.[18]

여기서 눈에 띄는 문장이 있다. **하느님으로 흠뻑 젖다** DRENCHED WITH GOD이다. 하느님과 함께 시간을 보내야지만 하느님으로 흠뻑 젖게 된다. 여기에 하느님의 뜻을 추구하는 열쇠가 있다.

빠르고도 무한히 생존 경쟁을 해야 하는 소비사회에서 우리는 필요한 것을, 혹은 전혀 필요하지 않은 것이라도 곧바로 얻길 원한다. 선택할 수 있는 것이 워낙 다양하기에, 반드시 바라는 것이 아니더라도 즉시 얻는 데 관심을 쏟는다. 곧 여러 가지 일을 한 번에 하려고 하고, 더 많고 더 큰 것을 과하게 가지려 하며, 항상 시간에 쫓긴다. 패스트푸드로 끼니를 때우면서 비행기와 기차를 타고 바쁘게 이동하는 자신을 발견하게 되는 것이다. 우리는 소비주의라는 소용돌이에 휩싸여, 삶의 속도를 늦추는 일을 버거워한다. 그래서 친구들과 느긋하게 저녁을 즐길 수도, 허둥지둥 길을 가느라 주변에 있는 가난한 이들을 알아차릴 수도 없다.

우리가 하느님의 뜻을 행하려고 한다면, 기꺼이 하느님과 함께 시간을 보내야 한다. 고독과 침묵 중에 하느님의 말씀을 들으면서, 세상의 소음과 산만함에서 벗어나 하느님의 모습과 그분의 음성이 어떠한지 알아차리려고 노력해야 한다. 그리고 반드시 하느님을 선택해야 한다. 하느님께서 우리를 이미 선택하셨기 때문이다.

순명이란 우리 삶에서 하느님 영의 음성을 듣는 것이다.[19] 세상은 도시의 소음, 휴대폰과 이어폰, 공항과 은행, 집 안의 텔레비전 소리, 그리고 심지어 내면의 소음으로 넘쳐나고 있다. 그러기에 우리 마음 안에서 말씀하시는 하느님의 목소리를 듣는 일이 매우 어렵다.

내면의 소음과 어둠이 우리 안에 가득하다면, 고독 속에서 듣는다는 것은 어쩌면 아무것도 들리지 않는 듯한 경험일 수 있다. 하지만 우리가 인내의 기술을 연마하고, 속도를 늦추며, 내 앞에 선 차들이 먼저 움직이게 할 때 고독의 중요성을 인지하게 된다. 기도가 하느님과의 관계에서 생명을 유지하기 위한 것이라 한다면, 고독은 필수적이다. 고독이 없다면 기도는 빈말이 되며, 우리는 생명의 근원과 단절되고 말 것이다.

아시시의 프란치스코 성인은 고독 속에 들어서기 위해 많은 시간을 할애했다. 프란치스코의 전기에는 그가 종종 마귀와 맞닥뜨렸다고 나온다. 그는 고독 속에서 바쳤던 기도를 하느님의 사랑과 떨어지게 하는 세력에 맞선 싸움이라 일컬었다. 한번은 악마가 곱사등이 여인의 모습으로 나타나 그를 기도에서 멀어지게끔 하려고 위협하였다. 그의 전기 작가인 토마스 첼라노는 다음과 같이 기록했다.

> "프란치스코가 더욱 기도에 매진하기 위해 기도하는 곳에서 더 많은 시간을 보내자, 악마는 속임수를 써서 그를 거기에서 쫓아내려 하였다. 악마는 프란치스코의 마음에 한 여인을 떠올리게 했다. 그 여인은 동네에 살았던 꼽추였는데, 누구에게나 소름 끼치는 인상을 주는 이였다. 악마는 프란치스코에게 기도를 그만두지 않으면 그 여인처럼 만들겠다고 위협하였다. 그

러나 그는 주님께 힘을 얻어 구원과 은총의 응답을 얻었다고 기뻐하였다."[20]

이 여인에 관한 이야기는 우리 자신과 우리를 둘러싼 주변이 지니고 있는 어둠의 힘을 직시하지 않고서는 기도와 고독의 삶을 영위할 수 없음을 보여 준다. 첼라노가 전해 주는 이야기 속 여인은 우리를 진리의 빛에서 멀어지게 만드는 모든 것을 나타내는 상징과도 같다. 거룩함을 두려워하기에, 우리는 이기적인 자기 스스로를 뒤로 한 채 산에 오르려 하지 않으며 계곡에 천막을 치고 평범함이라는 평지에서 안주하려 한다.

자기 자신과 함께 본향에 머문다는 것은 어둠의 힘에도 불구하고 하느님의 은총과 우리를 향한 그분의 사랑에 신뢰를 두는 일이다. 이는 하느님과 관계를 맺는 데 방해가 되는 장애물을 극복하기 위해 기도하며 인내하는 일을 가리킨다.

프란치스코 성인의 삶은 슬픔과 환멸, 낙담으로 특징 지을 수 있다. 하지만 그러한 것들은 모두 그리스도께서 겟세마니 동산에서 겪은 것과 같은 시험이자 전투, 그리고 극심한 고통이었다.[21] 그러나 성인은 계속된 어둠 속에서도 기도를 포기하지 않았고, 그를 그러안고자 하시는 하느님의 손길을 놓지 않기 위해 신뢰를 두었다. 그의 생애는 우리가 기도로써 인내할 때 삶의 중심에서 하느님을 찾을 수 있다는 점을 알려 준다.

어둠과 외로움, 쓰라림과 거절 속에서도 하느님 은총이 지니는 권능을 신뢰하는 일은 올바른 길 위에 있음을 뜻한다. 이는 하느님 안에서 자유를 향해 가는 길이기 때문이다. 우리가 매일 고독을 실천하고자 한다면, 입술이 아니라 침묵으로 기도하게 될 것이며 우리에게 숨을 불어넣으시는 하느님과 깊은 관계를 맺을 수 있다.

그러나 이러한 실천은 은총과 회심을 향한 열린 마음을 요구한다. 나무들의 움직임과 강물의 웃음소리를 들을 수 있는 고요하고도 고독한 시간을 스스로에게 허락함으로써 영적인 것과는 거리가 먼 우리의 자아unspiritual selves를 영적 자아spiritual selves로 변화시켜야 한다.

우리는 멈출 수 있는가? 우리는 들을 수 있는가? 그렇다면 무엇을 들을 수 있는가?

크리스토퍼 울은 감각의 변화에 대해 성찰해 볼 만한 이야기를 건넨다.

> 워싱턴 D.C.의 번화가를 걷던 두 친구가 있었다. 그들 중 한 명은 인디언국에서 일하는 아메리카 원주민이었고, 다른 한 명은 그 도시에 오래 거주했던 사람이었다.
>
> 때는 점심시간이었고 사람들은 바쁘게 지나다니며, 자동차 경적 소리와 엔진 소음이 거리를 가득 메우고 있었다. 그 한가운데에서 원주민은 이렇게 말했다.
>
> "여기 봐, 귀뚜라미야!"

다른 친구는 놀랐다.

"뭐라고?"

그는 다시 말했다.

"귀뚜라미가 있다고!"

원주민은 보도와 정부 청사를 구분하는 덤불을 걷어 내었다. 덤불 그늘에서 귀뚜라미 한 마리가 울고 있었다.

"이렇게 시끄러운데 어떻게 그 소리를 들었어?"

"오, 나는 이렇게 자라 왔어. 귀 기울이며 사는 법을 배웠지."

원주민이 이어서 말했다.

"보여 줄 게 있어."

그는 호주머니에 손을 넣어 동전 한 움큼을 꺼냈다.

5센트, 25센트, 10센트.

수많은 동전들을 인도에 떨어뜨렸다. 그러자 급히 길을 지나가던 사람들이 모두 걸음을 멈추고 가만히

귀를 기울였다.[22]

고속도로와 거리를 질주하면서 자신의 내면의 생각과 기대에 사로잡힌 채 바쁜 일상을 보내는 우리는 과연 무엇을 들을 수 있는가? 무엇에 귀 기울이고 있는가?

✦ 잠시 묵상하기

- 기도가 하느님의 뜻에 더욱 깊숙이 들어설 수 있도록 이끌어 주는가? 내 삶에서 하느님의 뜻을 드러내는 표징은 무엇인가?
- 자신과 다른 이들이 혼자 시간을 가질 수 있도록 장려하는가? 이러한 고독의 시간에 해야 할 일을 하는가? 아니면 자신과 진실로 마주하는가?
- 나에게 사랑하는 배우자가 있고, 자녀가 있으며, 매일 출근해야 할 직장이 있다고 있다고 하자. 잠시 멈춰 고독의 시간, 혹은 피정을 위한 시간을 가지는 게 가능한가?

:

우리가 하느님의 뜻을 행하려고 한다면,
기꺼이 하느님과 함께
시간을 보내야 한다.

셋째 밤

:

갈망

창세기에서 하느님께서 인류를 당신의 모습대로 창조하셨음을 읽게 된다(창세 1,26 참조). 우리는 하느님의 모상대로 창조되었으며, 하느님의 능력을 지녔기에 하느님과 일치를 이룰 수 있다.

오늘날 과학은 감정과 관련된 뇌의 구조를 밝히고 있다. 이는 하느님 체험과도 연관된다. 우리 인간의 뇌는 복합적으로 얽힌 신경 회로들로 이루어져 있는데, 이러한 구조를 지니고 있기에 하느님을 알아볼 수 있다. 그렇기에 우리는 '하느님을 향하게끔 창조되었다.'라고 생각할 수 있다. 인간이 생물학적으로 하느님을 지향한다는 것이다.

인정하든 인정하지 않든, 우리는 하느님을 중심에 모시는 피조물이다. 정말로 이것이 사실이라면, 하느님께서 말씀하실 때 그분의 음성을 알아차리는 데, 하느님께서 우리 앞에 나타나실 때 그분의 현존을 알아차리는 데, 하느님께서 어루만져 주실 때 그분의 포옹을 알아차리는 데 어려움이 없어야 한다.

그러나 현실은 그렇지 않다. 하느님께서 우리에게 오시더라도 우리는 그분을 알아차리는 데 어려움을 겪는다. 우리는 모든 곳에서 하느님을 알아볼 수 있으나, 그러기 위해서는 노력이 필요하다. 이를 단순하게 받아들일 필요가 있다. 하느님은 우리를 당신과 일치시킬 수 있으시나, 우리 동의 없이 억지로 관계 맺길 바라지 않으신다. 사랑 안에서 하느님은 참으로 상호적이시다. 그러므로 하느님 안에서 사는 삶은 **자유로이 선택한** 사랑의 관계다.

하느님과 가까워지길 바란다면, 반드시 하느님을 알아야 하며, 그분이 정말로 어떤 분이신지, 그분의 목소리가 어떻게 들리는지, 그리고 이 세상에서 우리에게 어떻게 다양한 방식으로 나타나시는지 알아야 한다. 식별이란 하느님을 인격적으로, 친구이자 연인으로 알아가게 되는 것이다.

다른 관계와 마찬가지로, 하느님을 알아 가는 것은 점진적으로 이루어진다. 식별은 하느님이 어떤 분이신지 혹은 정말로 우리에게 말씀하시는지 모호하며, 우리가 이를 잘 모른다는 것을 전제로 한다. 에드워드 말라테스타 신부는 **식별**이란 우리 자신과 우리 내면의 영적 움직임에 정직하게 마주하는 것이라고 밝힌다. 식별은 하느님의 영에서 비롯된 움직임인지 아닌지 결정하는 것이다. 곧 우리를 하느님께 더 가까이 이끄는 게 무엇인지, 하느님 사랑에서 벗어나도록 하는 게 무엇인지 알아차려야 한다.[23]

우리는 하느님의 뜻을 찾길 바라며 그러한 갈망은 우리를 하느님께 이끈다. 그러나 이를 행할 때 생겨나는 낯섦은 우리로 하여금 그러한 갈망과 거리를 두게 만든다. 우리는 거룩하신 분을 갈망하지만 한편으로는 두려워한다. 그분과 친밀해지면 무슨 일이 생길지 불확실하기 때문이다. 삶이 어떻게 바뀔 것인가? 친구들을 잃을 것인가, 새로운 친구를 얻을 것인가?

우리가 우정을 갖게 되는 이유는 뒤섞인 갈망 때문이다. 만약 어떤 사람이 나와 친구가 되고 싶어 하나 내가 그 사람의 바람에 주의를 기울이지 않는다면, 그의 노력을 알아차리지 못한다면, 우정을 향한 그의 바람을 깨뜨리게 된다. 우정은 그러한 바람들이 상호적일 때만 이루어질 수 있다. 이는 강요에 의해서 이루어지는 게 아니다. 한편에서 혹은 양편에서 엇갈리거나 양립할 수 없는 바람이라면 이러한 관계는 좌절되고 만다.

이와 유사한 방식으로 우리 삶에 나타나는 하느님의

창조적인 손길은 우리를 향한 그분의 바람이다. 그러나 우리 역시 갈망으로 가득 찬 응답을 드려야 한다. 복음서에서 주님은 "무엇을 원하느냐?"라고 눈먼 이에게 물으신다. 눈먼 이는 "다시 보게 해 주십시오!"라고 대답한다. 동일한 방법으로 하느님께서는 우리에게 물으신다. "네 삶에서 무엇을 원하느냐?" 우리의 대답은 무엇인가? 우리의 갈망은 무엇인가?

식별은 우리 선익을 바라시는 하느님의 음성을 깨닫는 일이다. 예수님은 제자들에게 말씀하셨다.

"양들은 목자를 따른다. 양들이 그의 목소리를 알기 때문이다. 그러나 낯선 사람은 따르지 않고 오히려 피해 달아난다. 낯선 사람들의 목소리를 알지 못하기 때문이다."(요한 10,4-5 참조)

팔레스타인 지방의 목자들은 양 떼보다 앞서 다녔다. 양들이 물을 마시기 위해 다른 양들과 뒤섞이더라도, 목자는 자신의 양들을 불러내어 다른 양들과 구별할 수 있었다. 양들은 목자의 목소리를 알기에 그를 따른다. 목자의 목소리는 그들을 이끄는 이의 목소리요, 신뢰하는 이의 목소리다.

식별은 우리가 따라야 할 목소리를 선택하는 것이다. 이 목소리는 하느님의 목소리인가? 이 음성이 하느님의 목소리인지 우리는 어떻게 알 수 있는가? 하느님의 목소리는 언제나 감미로운가? 그분의 목소리는 노기를 띠거나 슬픔에 가득 찰 수 있는가?

식별은 우리에게 말씀하시는 분이, 우리에게 행동하시는 분이 진정 하느님이신지를 알아차리는 기술이다. 이 기술을 익히려면 시행착오가 필요하다. 이는 정말로 우리가 '하느님과 연결되는' 과정이다. 사랑과 지지, 연민과 감사의 언어를 통해서 친구의 음성을 익히듯, 우리는 하느님의 목소리를 배우게 된다. 적대적이고 거칠며 위협적이며, 오만하며 무례한 원수들의 목소리와는 달리 친구의 목소리는 우리에게 힘이 되고, 우리를 위로해 주며, 우리 힘을 길러 준다. 때때로 우리는 적을 친구로 여기고 있었음을 깨닫는다. 정중한 척하지만 공격적이며 우리를 휘두르고 있었음을 알아차릴 때 그렇게 된다. 식별은 매 순간 우리 삶에 말씀하시는 하느님 사랑의 목소리에 귀 기울이는 것이다. 특히 위험한 상황에 처했음을 깨달았을 때라면, 반드시 마음속에 계신 거룩한 분의 목소리에 귀를 기울여야 한다.

닮을수록 더 이해하게 된다

삶의 여정을 통해 하느님을 택하는 걸 배워 나가는 일은 이를 실천하는 사람들에게 삶의 방식이 된다. 하느님 안에서 살아가는 사람들은 하느님과 함께 늙어 가는 법을 배운다. 다른 어떤 관계와 마찬가지로 우리는 친구, 배우자, 공동체 구성원 등 다른 이들과 수년 동안 함께 살면서 그들에 관해 아주 잘 알게 된다. 각기 다른 방에 있더라도 우리는 그들의 음성이나 웃음소리를 알아들을 뿐만 아니라, 그들을 위해서 지금 무엇을 사야 하는지, 그들이 어떤 음식을 좋아하는지 명확히 안다.

  이 사실을 알게 된 때는 바로 결혼한 지 50년이 넘으신 부모님을 만나러 갔던 어느 크리스마스 때였다. 어머니는 아버지께 크리스마스 선물로 슬리퍼를 드리고 싶어 하셨으며, 어떠한 모양을 사야 할지 정확히 알고 계셨다. 여러 가게를 돌아다닌 끝에 내가 적합하다고 생각하는 한 켤레를 집었다. 하지만 어머니는 다른 한 켤레를 손에 들고서 "이게 그이가 좋아하는 거야!"라고 말하며 내가 손에 든 슬리퍼를 제자리에 가져다 놓으라고 손짓했다. 아니나 다를까, 아버지는 어머니가 고르신 슬리퍼를 마음에 들어 하셨다.

  식별은 선택들이 놓여 있거나, 선택할 수 있는 경우가 넘쳐 날 때 명확한 판단을 내리기 위해 노력하는 것을 뜻한다. 하느님의 뜻을 식별하는 일은 하느님에 관한 살아 있는 체험에 달려 있다. 하느님을 얼마나 잘 알고 있는가? 하느님의 가르침이나 그분의 인도하심에 얼마나 마음을 열고 있는가?

참으로 하느님을 아는 단 하나의 방법은 사랑의 경험을 통해서다. 바로 이것이 기도가 식별의 토대가 되는 이유이다. 어떤 식으로든 하느님의 현존, 음성, 손길에 익숙하지 않다면 결코 하느님의 길을 택할 수 없다.

어느 관계에서든 사랑의 열매가 자라기 위해선 풍요로운 토양이 필요하듯, 하느님의 뜻을 식별하기 위해서는 특정한 조건이 필요하다. 갈망과 기도에 관해서는 이미 다루었고, 여기서는 역시 식별에 도움이 되는 겸손과 자비charity에 대해 살펴보겠다.

겸손은 자신이 지닌 장점과 단점을 아는 것이다. 또한 겸손은 다른 이들을 조종하거나 통제하려 하지 않고 그들 자신이 되게끔 해 주는 것이다. 즉, 겸손한 사람은 항상 낮은 자세로 다른 사람 위에 군림하지 않고 기꺼이 배우려 한다. 겸손을 갖추고 있지 않다면, 지금 이 순간에 드러나는 하느님의 뜻을 가벼이 여길 수 있고, 낮은 자세를 취할 수도 없다. 우리는 너무 자신에게만 관심을 기울인 나머지, 요구하기만 하면 모든 것이 뒤따라올 줄로 여긴다.

자비 또한 식별에 도움을 준다. 자비로운 사람은 나약하고도 죄 많은 자기 자신을 잘 알면서도 다른 이들의 선함에 열려 있다. 이러한 사람들은 특히 다른 이들이 어떤 사람을 다르게 볼 때조차 그들에 대해 판단하는 데 더디다. 그러므로 이들은 가족이나 공동체 안에 있는 사람에 대한 하느님의 뜻이 다른 이들의 생각과는 다를 수 있음을 인식하면서 개별적인 식별의 여지를 남겨 둔다.

베드로가 요한에 대한 예수님의 계획을 물어보자, 예수님은 다음과 같이 말씀하시며 그를 꾸짖으신다.

"내가 올 때까지 그가 살아 있기를 내가 바란다 할지라도, 그것이 너와 무슨 상관이 있느냐? 너는 나를 따라라."(요한 21,22)

이 말처럼 식별은 우리 시선을 주님께 고정시키고 다른 사람들이 우리의 질문에 답해 주기를 기다리지 않는 것이다. 그리스도를 따르기 위해서 조언을 구하더라도, 그러한 조언은 성령의 숨결을 듣고 하느님의 뜻을 식별하는 데 필요한 것이어야 한다.

이처럼 날마다 하느님을 택하기 위해선 겸손과 자비가 필수적이다. 여기에 더해서 현명하게 식별하기 위해서는 반드시 용기가 필요하다. 참으로 하느님의 뜻을 찾고 다양한 방식으로 우리에게 말씀하시는 하느님께 열려 있으려면, 반드시 용기를 지녀야 하고 위험을 감수할 준비가 되어 있어야 한다.

덴마크 철학자인 쇠렌 키르케고르는 신앙을 일컬어 "불합리의 역설paradox of the absurd"이라고 밝힌다. 하느님을 향한 '전적인 동의yes'는 우리를 편안한 범주에서 벗어나 불확실성의 심연에 뛰어들게 하며, 우리의 이성을 뛰어넘어 계시기에 본질적으로 알 수 없는 분을 향한 대답이기 때문이다. 우리가 정말로 하느님을 찾고자 한다면, 하느님을 맞아들일 준비가 되어 있어야 한다. 곧 하느님 사랑이 선사하는 은총을 용기 있게 받아들일 수 있어야 한다. 이사야 예언자는 다음과 같이 말한다.

"내 생각은 너희 생각과 같지 않고 너희 길은 내 길과 같지 않다. 주님의 말씀이다. 하늘이 땅 위에 드높이 있듯이 내 길은 너희 길 위에, 내 생각은 너희 생각 위에 드높이 있다."(이사 55,8-9)

물품을 구매할 때 환불을 보증해 주는 제도가 있다. 그러나 이 '환불 보증 제도'처럼 하느님의 뜻을 구한다면, 실망할지도 모른다. 하느님은 신비이시기에 우리에게 주시는 최상의 것 역시 신비로 주어지니 말이다. 하느님은 신비이시기에 숨어 계신다. 그러니 하느님이 숨어 계시더라도 "예."라고 말할 수 있어야 한다. 하느님께서 우리와 함께 계신다는 믿음으로 살아갈 때 어둠 속에서도 하느님께 "예."라고 답할 수 있다.

그러나 우리 삶의 방향이 악한 영이 아니라 하느님을 향하고 있다는 사실을 어떻게 알 수 있는가? 토마스 그린은 우리를 위해 마련하신 하느님 뜻과 관련된 '확실성'에 주목하면서 다음과 같이 말했다.

> "그것은 믿음의 확신이지 이성의 확신이 아니다. 이는 실천적인 확신이지 이론적인 확신이 아니다."[24]

기도하고 성찰한 후, 그렇게 하는 것이 진정성을 담고 있는 사랑의 행위라 확신한다면, 바로 지금 여기에서 그 행동을 할 수 있어야 한다. 비록 그것이 합리적이지 않을 수 있어도, 내면에 평화와 기쁨을 가져다준다면 아마 그것은 하느님의 뜻에 가장 진실되이 따르는 일이리라.

✦ 잠시 묵상하기

- 당신은 '하느님을 향해' 기도하는가?
- 당신은 어떤 방법으로 당신 안에 계시는 성령의 움직임에 귀 기울이는가?
- 당신은 지금 이 순간 무엇을 바라는가? 당신의 삶을 위해 바라는 것은 무엇인가?

:

식별은
매 순간 우리 삶에 말씀하시는
하느님 사랑의 목소리에
귀 기울이는 것이다.

넷째 밤

:

선택

영적 식별의 아버지는 이냐시오 데 로욜라 성인이나, 식별의 과정에 대한 기원은 초기 교회의 위대한 신학자였던 알렉산드리아의 오리게네스에게로 거슬러 올라간다. 오리게네스는 《민수기 강해 27편*Homily XXVII on Numbers*》에서 이스라엘 백성이 광야를 거쳐 약속의 땅으로 들어섰던 여정에 빗대어 하느님을 향한 여정을 설명했다. 우리는 행복과 평화를 향한 갈망으로 인생 여정을 시작한다. 그러나 우리를 부르시는 하느님께서 우리와 함께 계시며 생명이라는 약속으로 인도해 주시리라는 점을 신뢰하면서 광야를 가로질러야 한다.

하지만 광야의 여정은 황량함, 침묵, 목마름, 야생 동물의 습격과 같은 위험으로 가득 차 있기에 어려운 여정이다. 오리게네스는 우리가 하느님 안에 있는 목적지에 안전하게 도달하기 위해서 선한 영과 악한 영을 분별하게 해 주는 기도의 가치를 강조한다.

영적 식별에 관한 오리게네스의 작품들이 사막 교부들에게 영향을 미친 반면, 이냐시오 성인은 《영신수련》을 통해 현대적인 방식으로 식별의 과정을 발전시켰다. 그는 올바른 식별이 지니는 참된 성향을 기술한 후, 올바르거나 좋은 삶의 방식을 택할 수 있는 세 가지 경우를 식별자에게 제시했다.

그가 밝힌 첫째 방법은 바로 **계시의 때**다. 하느님께서 말씀하신다는 사실은 의심의 여지가 없다. 하느님의 뜻이 너무나도 분명하기에 영혼은 하느님께서 원하시는 바를 의심할 수 없다. 이냐시오 성인은 계시의 때에 관해 다음과 같이 적는다.

> "우리 주님이신 하느님께서는 의지를 움직이시고 이끄시어, 경건한 영혼으로 하여금 의심하지도 않고 의심할 수도 없이, 당신이 보여 주신 것을 그대로 따르게 한다."[25]

우리는 이러한 계시의 때에 관한 예시를 성경 속 예수님이 마태오를 부르시는 장면에서 찾을 수 있다.

"'나를 따라라.' 그러자 마태오는 일어나 그분을 따랐다."(마태 9,9)

이는 눈이 멀어 말에서 떨어진 바오로에게 그리스도께서 직접 말씀하신 장면에서도 발견된다.

"나는 네가 박해하는 예수다. 이제 일어나 성안으로 들어가거라. 네가 해야 할 일을 누가 일러 줄 것이다."(사도 9,5-6)

은총으로 가득 찬 계시의 순간은 하느님의 뜻에 대하여 의심할 여지가 없기에 가장 명확한 식별의 형태이다.

오히려 하느님께서 확실하고도 분명한 방향을 마음속에 각인시키시기에 이를 무시하거나 피할 수 있는 방법은 전혀 없다. 매일같이 이러한 계시가 계속된다면 우리가 내리는 결정은 분명할 수밖에 없다. 그러나 이러한 계시의 방법은 예외적인 방법이지 일반적인 게 아니다.

이냐시오 성인이 밝히는 둘째 방법이 오늘날 우리가 여기는 **식별**에 더 가깝다고 정의 내릴 수 있다. 이 방법에 대해 이냐시오 성인은 '빛과 식견'이란 "위안과 황폐함의 체험으로 또한 갖가지 영들의 식별 체험에 따라 얻게 되는 것"이라고 설명한다.[26] 이는 이성과 기도의 결합으로 하느님의 빛이 우리가 가야 할 방향을 알려 주시고 우리가 내린 결정을 확인하게끔 인내를 가지고 기다려 준다. 이냐시오 성인은 그러한 선택과 결정 후에 "그것을 한 사람은 우리 주 하느님 앞에서 정성을 다하여 기도해야 하며, 하느님께 더 큰 봉사와 찬미가 될 수 있다면, 존엄하신 하느님께서 이를 기쁘게 받아 주시고 확증하시도록 이 선택을 하느님께 봉헌해야 한다."[27]라고 한다.

    이냐시오 성인의 둘째 방법은 첫째 방법과 셋째 방법의 중간에 위치했다고 보이는데, 첫째 때는 분명한 계시의 때라면 셋째 때는 하느님의 뜻에 관해 엄청난 불확실성을 보이는 때이기 때문이다. 첫째 방법과 셋째 방법은 식별해야 할 여지가 없는 분명한 것이라는 점에서 유사성을 지닌다. 그러나 토마스 그린은 이렇게 지적했다.

> "셋째 방법의 '아무것도 없음'은 좌절의 없음이다. 곧 명확함과 확실함을 지닌 계시의 때와는 대조적으로, 여기서 하느님께서는 당신의 뜻을 구하고자 하는 영혼에게 그 어떠한 것도 말씀하지 않으시는 것처럼 보인다."[28]

    이냐시오 성인은 이 셋째 방법에 대해 "온갖 영들에 의해서 영혼이 동요되지 않으며, 자유롭고 평정해서 본

선택 111

연에 따라 자신의 능력을 사용하는" 평정한 때라고 밝힌다.[29] 여기서 **평정**이란 단어는 평화를 뜻하는 게 아니라 자신이 지닌 상상력과 이성을 통해서 상황의 장단점을 살피고, 하느님의 뜻을 헤아린 뒤 합리적인 결정을 내리는 능력을 뜻한다.

우리는 빛을 비추어 주시고 용기를 달라고 청할 뿐만 아니라, 지성을 사용해 우리 앞에 놓인 일의 경중을 신중하고 충실하게 가릴 수 있길 바라며 기도한다. 이냐시오 성인은 사안의 모든 측면을 고려한 후, 대안을 고려할 필요가 있다고 밝힌다. 어떤 선택이 합리적이며 나에게 마음의 평화를 가져다줄까? 내가 내린 결정의 이유는 무엇인가? 이기적인 이유에서인가, 아니면 하느님 앞에서 솔직히 결정한 것인가? 그 결정은 깊은 기도에서 우러나온 것인가?[30]

둘째 방법에서는 인간의 이성을 강조했지만, 여기서는 우리에게 상상력을 발휘하라고 요구한다. 똑같은 선택의 기로에 있는 사람에게 어떻게 조언해 줘야 하는가? 임종 때 나는 이와 같은 선택을 내릴 수 있는가? 마지막 날이나 심판 때에 하느님을 마주하면서 내가 내린 선택을 기꺼이 감수할 수 있는가?[31]

때때로 장단점을 따져 보거나 비슷한 처지에 있는 사람들에게 조언해 줌으로써 명확한 결정을 내릴 수도 있다. 누군가에게 조언할 때 "그건 정말 이상해!"라는 응답을 얼마나 자주 듣는가. 나 역시도 나에게 조언해 주는 이들에게 그렇게 말한 적이 있다. 왜 나는 그 조언이 나와 관련되어 있다고 보지 않는가?

그린은 그 이유를 "우리 스스로 자신의 문제와 거리를 두고 '객관적'으로 바라보기가 어렵다는 것을 알고 있기 때문"이라고 밝힌다.[32] 그렇기 때문에 우리가 영적 가난과 겸손, 영적 개방 속에서 살아갈 때, 우리 자신보다 다른 이들 안에서 더 잘 비치는 자신의 모습을 볼 수 있다. 타인은 우리 자신의 모습을 비추는 하느님의 거울이다.

이냐시오 성인이 하느님의 뜻을 식별할 때 지성과 이성의 사용을 강조했지만, 마음이 지니는 역할 역시 중요하다. 보나벤투라 성인은 인간의 정서적 능력, 곧 선익을 향한 갈망에 따라 움직이는 인격의 잠재적 능력에 관해 설명한다. 그는 이렇게 말했다.

"인간의 갈망은 오직 최고의 선이나 이러한 선에 이르게 하는 것, 또는 특정한 방식으로 선을 나타내는 것만을 지향한다."[33]

갈망은 인간의 마음에서 생겨나기에 보나벤투라 성인은 영적 순례자에게 "지혜를 얻기 위해 투쟁하면서 자신의 내면으로 들어가 자신의 인지적, 정서적 능력을 잘 사용할 것"을 촉구한다.[34] "마음속으로 들어가는 것"은 자기 내면의 감정과 움직임에 주의를 기울이고 이러한 감정과 움직임에 정직하게 맞서는 일이다. '마음에게 순종

한다.'라는 뜻은 우리 안에서 울리는 작은 목소리에 귀 기울이고 우리를 최고선에 가장 가까운 곳으로 안내하는 일이라고 설명할 수 있다.

《삶의 완전함에 관하여 On the Perfection of Life》에서 보나벤투라 성인은, 만약 우리가 참된 자기 앎(이는 곧 하느님에 대한 앎)에 도달하고자 한다면, 우리 마음속으로 들어가야 한다고 밝힌다. 이는 바쁘고도 소모적인 삶의 활동을 멈추고 우리 자신으로 되돌아가야 한다는 뜻이다. 그리고 성인은 그동안의 잘못과 실수를 알아차린다면 지금 우리가 무엇인지, 과거에 우리가 무엇이었는지, 그리고 우리가 무엇이 될 수 있는지에 대해 스스로와 대화해야 한다고 밝힌다. 여기에 덧붙여, 삶을 통제하려는 시도를 멈추고 하느님의 은총에 마음을 열어 보이고자 한다면, 우리가 되고자 하는 게 무엇인지 생각해 보아야 한다고 말한다.[35]

보나벤투라 성인은 "너의 보물이 있는 곳에 너의 마음

도 있다."⁽마태 6,21⁾라는 성경 말씀처럼, 마음속에서 끈질기게 찾는 이는 누구든지 그 속에 있는 귀한 보물을 찾을 것이라고 확신한다.

아마 오늘날 가장 어려운 도전은 바로 자신의 마음을 마주하는 게 아닐까. 우리는 그곳에서 발견하게 될 것을 두려워한다. 그러나 우리 마음 속에 있는 것을 무시하면 할수록, 더 큰 어려움과 혼란을 느낄지도 모른다. 마음은 하느님께서 거처하시는 곳이다. 하느님은 바로 이곳에서 우리가 사랑으로 응답하길 기다리신다. 우리가 마음에 귀 기울이고 최고선을 향한 마음의 움직임에 주의를 기울일 때 하느님의 뜻을 추구하게 된다.

앨버트 하스는 《태양 속에서 헤엄치기 Swimming in the Sun》라는 책에서 머리와 마음 사이의 균형을 유지하기 위해 다루어야 할 다섯 가지 요소를 설명한다. 이는 다음과 같다.

- **나의 생애**: 나의 성장기, 내가 동화시킨 가치들, 나의 가족생활, 그리고 과거
- **나의 잠재력**: 나의 재능과 능력
- **나의 현재 정체성**: 기혼자, 비혼자, 또는 수도자로서 다른 이들을 향한 자기 인식과 헌신
- **나의 희망, 꿈, 갈망**: 내가 상상하고 바라는 일은 무엇인가?
- **나의 자유로운 마음**: 어떤 선택과 결정이 나를 행복하게 만드는가?[36]

마음의 자유를 누리기 위한 핵심은 다른 어떤 사람이 되기 위해 노력하는 일도 아니고, 누군가를 기쁘게 해 주는 데 있지도 않으며, 거짓된 기대에 부응하려고 할 필요 없이 자신을 받아들일 수 있는 능력에 있다. 마음이 자유로워져야만 비로소 하느님의 선하심이 우리 여정을 밝혀 주신다고 믿으며 생명의 길을 선택하게 된다. 이러한

종류의 자유에 관해서는 아시시의 프란치스코 성인이 레오 수사에게 보낸 편지에서 찾을 수 있다.

> "형제여, 나는 어머니와 같이 그대에게 말하고자 합니다. …… 조언을 구하기 위해 나에게 올 필요가 없습니다. 곧 주님이신 하느님께서 기뻐하시도록, 그리고 그분의 발자취와 가난을 뒤따르고자 할 때, 그대가 보기에 더 나은 방법이 있다면, 주 하느님의 축복과 나에 대한 순종으로 그렇게 하도록 하십시오."[37]

프란치스코 성인은 레오 수사에게 복음적인 삶이라는 꿈을 위해 헌신하고자 한다면, 반드시 자기를 인식하고 잔인할 정도로 정직해야 한다고 강조한다.

하스는 "프란치스코회 수도자들이 그리스도를 닮고자 할 때 하느님의 뜻을 따르려는 진정한 순종은 한 인격의 자유와 창의성을 긍정적으로 표현하는 것"이라고 밝힌다.[38] 곧 우리가 진정으로 하느님의 뜻과 조화를 이루면서 살기를 원한다면, 평화와 정의 그리고 사랑이라는 예수님의 나라에 기여할 수 있는 자신만의 특별한 방법을 찾아야 한다는 말이다. 우리는 하느님께 사랑받는 존재라는 사실을 은혜로이 받아들여야 한다.

위안

대부분 우리는 하느님께서 말씀하시는 것을 '듣지' 못하며, 정말로 하느님을 따르고 있는지 확신하지 못한다. 그럼에도 우리와 함께하시는 하느님의 친밀한 현존을 알아차리도록 해 주는 표징들이 있다.

다만 우리가 먼저 깨달아야 할 점은 바로 하느님께서 소리치시거나 비명을 지르지 않으신다는 점이다. 하느님께서는 당신의 현존을 보여 주기 위해 큰 소리를 내시거나 극적인 변화를 일으키지 않으신다. 오히려 침묵 가운데서 혹은 고요한 가운데에서 말씀하신다. 6세기의 신비가 위(僞) 디오니시우스는 하느님께서 침묵 가운데서 가장 명확하게 말씀하신다고 밝힌 바 있다.

사실 하느님에 대해 말을 많이 할수록, 우리는 하느님과 멀어지게 된다. 반대로 하느님께 가까워질수록, 하느님에 대해서 할 말이 점점 적어진다. 이는 마치 서로 오랫동안 알고 지내 온 두 사람 사이와 같다. 그들 사이의 언어는 대화가 아니라 서로의 존재다. 보나벤투라 성인은 하느님이 우리 자신보다 더 각자에게 가까이 계신다고 밝힌 바 있다. 하느님의 신비는 매우 심오하며 이해할 수 없기에 말로 표현하기 어렵다. 하느님께서 우리와 가까워지실수록, 하느님 체험을 말로 전하기 어려워진다. 그분의 거룩한 현존을 제대로 묘사할 수 없는 것이다.

그렇다면 하느님과 올바른 관계를 이루고 있는지 어떻게 알 수 있는가? 하느님의 뜻대로 살고 있는지 어떻게 느낄 수 있는가? 이냐시오 성인은 영혼 내의 움직임이 하느님께서 가까이 계심을 가리킨다고 밝혔다. 《영신수련》의 셋째 규칙에서, 이냐시오 성인은 하느님의 더 큰 사랑이나 평화 혹은 기쁨의 감정이라고 특징지을 수 있는 위로를 내적으로 경험할 때 어떤 길이 올바른 길인지 정의 내릴 수 있다고 했다.

우리는 이러한 감정이 일반적인 감정을 뜻하는 게 아니라, 우리를 놀라게 하는 깊이와 힘을 지니는 감정임을 알아차리게 된다. 하느님이 주시는 위안은 다양한 이유로 우리에게 온다. 그러나 하느님께서 베푸시는 사랑 덕분에 우리는 지은 죄를 참회하고 눈물을 흘리며 위안을 느끼기도 하고, 그리스도의 수난 덕분에 위안을 느끼기도 한다. 또는 하느님을 찬양하고 섬기도록 이끄는 다양한 이유로 위안을 경험하기도 하며, 깊은 평화나 눈물을 통해서 위안을 경험하기도 한다.

이러한 위안은 우리의 믿음, 희망, 사랑을 키우며, 하느님을 사랑하도록, 찬양하도록, 영광을 드리도록 우리를 초대한다. 위안이란, 말로 표현할 수 없는 사랑의 마음으로 우리를 채워 주시는 하느님의 은총이다. 이에 대한 우리의 참된 응답은 더 큰 사랑의 행동이다.[39]

하느님께서 우리 안에 현존하시며, 우리가 그분과 올바른 관계에 있다는 사실을 어떻게 알 수 있는가? 이냐시오 성인은 인간의 경험에 비추어 답한다. 그는 하느님 사랑이 커지는 것, 죄에 대해 슬퍼하고 그것을 뉘우치는 마음이 생기는 것, 신앙·희망·기쁨·평화가 커지는 것, 영혼 속의 조용하고도 깊은 곳에서 나오는 느낌 또는 한 존재의 가장 핵심에서 우러나오는 느낌으로 이를 알 수 있다고 말한다.

토마스 그린은 하느님의 뜻을 식별하기 위한 공통분모는 주님 안에서 누리는 **평화**라고 더 간결하게 밝힌다. 이는 오랜 기간 떨어져 있다가 다시 만난 한 연인의 재회에서 생겨나는 영혼의 뭉클함, 혹은 새로 태어난 아이를 응시하며 얻는 조용한 위로, 그녀의 배 속에서 태어난 생명을 바라보며 얻는 고요한 경이로움과 같다.[40]

많은 요소가 우리의 감정에 영향을 미치듯, 우리가 지닌 감정이 하느님을 알아차리는 완전한 형태의 척도가 될 순 없다. 그럼에도 불구하고 이러한 감정들은 영성 생활과 우리를 위한 하느님의 뜻을 식별하는 데 필수적이다. 어느 관계에서든 감정이 중요하듯, 하느님과의 관계에서도 마찬가지이다. 느낌이나 감정은 하나의 '원시 자료raw data'로, 우리는 하느님의 뜻을 식별하기 위해 지성을 이용하여 이러한 감정을 살피고 고려한다.

지성은 우리 감정이 지닌 복잡성을 자세히 살피도록 도와준다. 폭풍과도 같은 힘이 내 삶을 뒤흔들더라도, 우리 마음 깊은 곳에 있는 하느님의 뜻을 드러내는 견고한 평화를 여전히 느낄 수 있다. 그러므로 우리는 하루의 끝에 깊은 감사와 평안을 누리면서 기도할 때 우리가 하느님의 뜻 안에 살아가고 있음을 알게 된다.

"지나간 모든 것에 감사드리며, 다가올 모든 것을 받아들이겠나이다!"[41]

황량함

평화가 위안을 가져다주시는 하느님 현존의 표지라면, 하느님에게서 버림받은 느낌이나 혹은 잘못된 길을 가고 있다는 의식은 그 자체로 평온하지 못한 상태에 있음을 보여 준다. 황량함은 친구나 가족이 줄 수 있는 큰 위안이 있음에도 불구하고, 평화나 기쁨을 발견하지 못하는 깊은 내면의 불안을 나타낸다.

이냐시오 성인은 황량함의 시기를 믿음과 희망과 사랑의 결핍으로 이어질 수 있는 영혼의 혼란스러움, 무기력, 양면성, 우유부단함, 어두운 때로 묘사하고 있다. 슬픔에 잠긴 영혼은 창조주에게서 멀어지며, 주님을 잃어버린다. 위안이 내면의 평화를 가져다주듯, 황량함은 평화의 결핍, 혼란, 어둠을 초래한다.[42]

황량함의 시기는 때때로 인내하기 어렵다. 어둠의 때와 같은 이 시기는 버려진 느낌, 공허함 또는 실패의 감정을 동반하기 때문이다. 이때 마음은 내면의 움직임이 서로 충동하는 것을 느끼며, 최고선을 선택하지 못하는 무능력함, 어둠이나 침묵으로 최고선을 향한 갈망이 흐려진다.

포담 대학교 대학원 과정에 있을 때, 남편이랑 갈라서게 된 젊은 여인이 옆집에 살고 있었다. 그녀는 나에게 결혼한 지 10년이 넘었으며, 행복한 결혼 생활을 해 왔다고 말했다. 그러던 어느 날, 갑자기 남편이 집에 와서는 단지 독신으로 살고 싶다는 이유만으로 더 이상 혼인 관계를 유지할 수 없다고 밝혔다고 했다. 그녀는 망연자실했고, 몇 달 동안 자신이 잘못한 게 무엇인지 알아내려고 애썼다. 심지어 먹는 것을 멈췄고 불면증에 빠졌으나, 결국 위안을 구하는 기도를 드리기 시작했다.

이 여인은 오랫동안 황량함의 시기를 보냈고 이혼의 책임을 자신에게 돌렸다. 이 시기에 그녀는 영적 조언을 얻고 가르멜 제3회에 입회했으며, 결국 서원까지 하게 되었다. 포담 대학교에서 공부하고 가르멜 회원들과 함께 일하면서 그녀는 다시금 삶을 되찾기 시작했고, 영성 지도자가 되었다.

대개 황량함은 우리가 바라는 상태는 아니다. 하지만 이 덕분에 우리는 변화가 필요하다는 것을, 새로운 결정에 주의를 기울여야 한다는 것을 깨닫게 된다. 이런 면에서 황량함은 삶에서 긍정적인 역할을 수행하기도 한다. 이런 까닭에 위안의 경우와 마찬가지로 황량함을 은총의 시기라고 할 수 있으며, 하느님의 현존을 숨겨 놓은 빛이라고 표현할 수 있다. 하느님의 빛은 언제나 우리와 함께 있으나 우리는 이를 보지 못한다. 여러 가지 이유로 인해 하느님의 현존을 흐리게 하는 선택들을 해 왔기 때문이다.

영성 생활의 초심자들은 많은 경우 자신들의 영적 삶을 하느님께 맡기려 하기보다 통제하려 하기에 황량함에 취약해지기 쉽다. 하느님의 뜻보다 자신의 뜻이 우선일 경우, 우리 마음의 문을 열어 둔 채 악한 영이 들어오도록 하는 것과 같다. 이는 낙담과 근심, 쉼 없음, 두려움, 그리고 평화의 상실이라는 결과를 초래하기도 한다.

이탈리아의 위대한 성인, 볼로냐의 가타리나 성녀는 악한 영과 악마의 유혹에 사로잡혀 어둠과 우울함 속에서 오랜 시간을 보내야 했다. 그러나 시간이 흐르면서 어둠 속에서도 하느님을 완전히 믿는 법을 배웠고, 그분을 향한 신뢰와 희망이 우리에게 은총을 가져다주며, 이 은총을 통해 우리의 모든 적에게서 완전한 승리를 거두리라는 점을 깨달았다. 하느님께서는 그분께 희망을 두는 이들을 저버리지 않으신다.

하느님께서는 언제나 신실하시니, 우리는 황량함의 시간 속에서도 하느님을 선택해야 한다. 우리가 평화와 기쁨이 없는 황량한 상태에 무한정 남아 있기를 택한다면, 우리는 새로운 방식으로 하느님을 사랑할 수 있는 삶과 기회를 놓치게 될 것이다.

하느님은 우리의 불행을 바라지 않으시며, 평화가 없

는 곳에 머물지 않으신다. 오히려 하느님께서는 우리 생명의 충만함을 원하신다. 따라서 이냐시오 성인은 이렇게 조언한다.

"황량함의 시간을 바꾸려고 하지 말아야 한다. 그러나 결심과 결단 혹은 그가 앞서 얻은 위로에서 내린 결의를 확고하고도 항구하게 지니고 있어야 한다."[43]

이냐시오 성인은 이렇게 해야 하는 이유에 대해 다음과 같이 말한다.

"물론 위안은 선한 영이 우리를 인도하고 조언하는 것이나, 황량함은 나쁜 영의 때이기에, 이 영들의 조언들을 통해서 우리는 올바른 결정을 내릴 수 없기 때문이다."[44]

이냐시오 성인은 황량함을 악한 영과 연결시켜 설명했지만, 나는 황량함을 필연적인 악의 시간이라고 여기지 않는다. 예수님도 악령 때문이 아니라 하느님의 사랑에 따른 겟세마니의 황량함을 겪으셨다. 여기서 예수님은 믿음에 관한 마지막 시험을 통과하셨고, 용광로 속에서 제련되는 금처럼 단련되셨으며, 그래서 사랑하고자 하는 당신의 순수한 지향만이 남게 되었다.

황량함은 두려움과 기대, 실패의 느낌에서 벗어나 하느님의 은총이 활동하시도록 허락하는 때, 곧 하느님을 신뢰하게 하는 성장의 때가 될 수 있다. 우리 사랑의 깊이는 사막과도 같은 황량함 속에서 시험을 받겠지만, 이를 통해 우리는 진정으로 하느님께 속하게 될 것이다.

✦ 잠시 묵상하기

- 하느님의 현존을 조금이라도 느껴 본 적 있는가? 언제 그것을 어떻게 알아차렸는가?
- 결정을 내릴 때 어떤 척도를 사용하는가?
- 자유로운 마음으로 결정하는가? 아니면 걱정과 무거운 마음으로 결정하는가?
- 황량함을 어떻게 알아차릴 수 있는가? 그것에 어떻게 대처했는가? 도망치려 했는가, 아니면 이를 영광의 때로 여겼는가?

:

마음은 하느님께서 거처하시는 곳이다.
하느님은 바로 이곳에서
우리가 사랑으로 응답하길
겸손되이 기다리신다.

다섯째 밤

:

하느님의 사랑으로

하느님의 사랑 속에서 성장하거나 하느님의 뜻에 순응하는 일이 위안과 황량함 사이를 오가는 움직임이라고 한다면, 그 이유는 다음과 같다. 삶이란 변화의 순간과 결정의 순간 사이를 왔다 갔다 하는 움직임으로 점철되기 때문이다. 삶은 밀물과 썰물에 비견할 수 있다. 곧 사람들과의 관계 그리고 피조물과 하느님 사이의 관계는 늘 변화한다. 위안이 편안함과 버팀목을 제공해 주긴 하지만, 그렇다고 하느님 안에서의 삶이 평생토록 따뜻하고 포근한 느낌을 보장해 주지는 않는다.

예수님의 삶은, 하느님께 향하는 길이란 좁고 구불구

불하며 위험이 도사리고 있음을 우리에게 알려 준다.

"누구든지 내 뒤를 따라오려면, 자신을 버리고 날마다 제 십자가를 지고 나를 따라야 한다."(루카 9,23)

하느님 안에서의 삶은 위험을 수반한다. 필연적으로 죽음이 포함되며, 신뢰가 요구된다. 어떻게 해야 하느님의 뜻 안에서, 곧 하느님의 현존 안에서 살아갈 수 있는가? 어떻게 해야 십자가를 삶의 중심에 두고 살아갈 수 있는가? 우리를 향한 하느님의 신비로운 사랑을 향한 믿음, 보이지 않는 것에 대한 희망, 선을 추구하려는 갈망을 지닌 사랑을 통해서 그렇게 할 수 있다. 우리는 하느님을 위해 날마다 새로운 선택을 해야 한다.

세상의 악이나 가라지들 속에서 하느님 사랑의 풍요로움에 따라 성장하고자 하는 우리에게 성인들의 삶은 하느님 안에서 사는 것이 무엇인지 보여 주는 모범과 같다. 핍박과 어둠, 죽음의 위협 속에서도 사랑을 택했던 거룩한 이들을 찾기 위해 너무 먼 과거의 사람들을 찾을 필요는 없다. 앞서 러시아에서 23년간 투옥됐던 취제크 신부의 삶을 언급한 바 있다. 그와 같은 삶을 산 이로 아르세니 신부(1893~1973년)가 있다.

취제크 신부처럼 아르세니 신부도 러시아의 강제 수용소의 잔혹함 속에서 하느님의 뜻을 살아 냈던 이였다. 그는 하느님과 그리스도를 따르는 데 집중하며, "서로 남의 짐을 져 주십시오. 그러면 그리스도의 율법을 완수하게 될 것입니다."(갈라 6,2)라는 말씀에 따라 살았다. 참된 사랑과 동정의 정신으로 고통받는 이들을 위로하고 원수들과 화해했으며, 가난한 이들을 보호하고, 굶주린 이들에게 먹을 것을 주었다. 아주 다루기 힘든 범죄자들을 포함하여 모든 인간을 향한 그의 엄청난 사랑은 강제 수용소에 있는 무신론자들을 비롯한 많은 이의 개종을 이끌어 냈다.

그의 삶에서 영감을 주는 이야기 중 하나는 바로 수용소에 오게 된 한 청년과 그를 협박했던 몇몇 범죄자들 사이를 중재한 일이다. 아르세니 신부는 청년을 위해 탄원했고, 그 결과 그 청년과 함께 며칠 동안 난방이 되지 않는 시베리아의 창고에 갇히는 형벌을 받아야 했다. 이 이야기에 따르면 아르세니 신부는 밤낮으로 기도했고, 그 덕분에 그와 청년은 차디찬 창고에서 따뜻함을 경험하며 죽음에 굴복하지 않을 수 있었다.

하지만 강제 수용소에 갇히는 일만이 거룩함을 키워 나갈 수 있는 전제 조건은 아니다. 수년 전 평범한 방식으로 남다른 사랑의 행동을 취했던 사람의 이야기를 읽었던 기억이 난다. 정작 자신의 삶이 자신을 둘러싼 많은 이에게 긍정적인 영향을 끼치는지 전혀 몰랐던 이 여성은 깊은 영성을 지닌 사람이었다. 연로하신 어머니와 자녀들을 돌보면서도 매일 미사를 드리고 기도에 전념했을 만큼 말이다. 그 이야기는 그녀의 영웅적인 행적들을 묘사했다. 노령의 이웃을 돕기 위해 눈보라가 휘몰아치는 가운데에서도 밖에 나섰던 일, 25년 동안 다녔던 직장을 잃은 남편의 곁을 지킨 이야기, 무엇보다도 미용사로 일하다가 세상을 떠난 여성의 남편을 돌보기 위해 매주 150마일을 운전했던 이야기 등은 하느님께서 삶의 중심일 때 일상에서 거룩함이 펼쳐진다는 점을 알려 준다.

매일 주님을 선택하는 일은 세상의 가라지들 속에서 밀이 자라는 것과 같다. 이는 우리를 거부하고 반대하는 힘이 만연한 가운데서도 사랑 속에서 인내하는 일이다. 마태오 복음에서 예수님은 우리 삶 속에 밀과 가라지가 뒤섞여 있다고 밝히신다. 그리고 또 다른 비유를 들어 그들에게 말씀하셨다.

"하늘나라는 자기 밭에 좋은 씨를 뿌리는 사람에 비길 수 있다. 사람들이 자는 동안에 그의 원수가 와서 밀 가운데에 가라지를 덧뿌리고 갔다. 줄기가 나서 열매를 맺을 때에 가라지들도 드러났다. 그래서 종들이 집주인에게 가서, '주인님, 밭에 좋은 씨를 뿌리지 않앗습니까? 그런데 가라지는 어디서 생겼습니까?' 하고 묻자, '원수가 그렇게 하였구나.' 하고 집주인이 말하였다. 종들이 '그러면 저희가 가서 그것들을 거두어 낼까요?' 하고 묻자, 그는 이렇게 일렀다. '아니다. 너희가 가라지들을 거두어 내다가 밀까지 함께 뽑을지도 모른다. 수확 때까지 둘 다 함께 자라도록 내버려 두어라. 수확 때에 내가 일꾼들에게, 먼저 가라지를 거두어서 단으로 묶어 태워 버리고 밀은 내 곳간으로 모아들이라고 하겠다.'"(마태 13,24-30)

토마스 그린은 밀과 가라지가 다양한 유형의 사람들을 나타낼 수 있으나, 자기 내적 삶의 밭을 가리킬 수도 있다고 밝힌다. 우리는 선을 갈망하나 선이 아닌 것을 선택하기도 한다. 그린은 이렇게 말한다.

"밀은 신뢰, 겸손, 감사, 열정과 같은 덕이고, 가라지는 우리 내면의 결점이다. 그런데 밀은 가라지 없이는 완전히 자라지 못한다."[45]

우리의 선함과 거룩함을 향한 갈망은 이기적인 사랑과 뒤섞여 있다. 그래서 우리는 자기중심적인 마음을 정화하는 법을 배우고, 통제하려는 우리의 욕구를 내려놓아야 하며, 하느님께 온전히 의지하는 법을 배워야 한다.

아시시의 프란치스코 성인은 마음이 깨끗한 사람들은 지상의 것을 낮추어 보고 천상의 것을 추구한다고 밝힌 바 있다.[46] 우리가 마음의 순수함을 얻기 위해 수도원에 들어갈 필요는 없다. 하느님을 찾기 위해서는 마음의 동굴 안에 들어서는 것으로 충분하다. 여기서부터 세상을 사랑의 눈으로 바라보게 된다.

식별: 사랑의 소용돌이

성인들은 사랑 안에 살아간다는 것이란 지속되는 갈

망 속에서 살아가는 일임을 우리에게 알려 준다. 갈망이란 우리 삶의 중심이며, 우리 내면 깊이 있는 영적 핵심에서 생겨난다. 그러므로 갈망에 순응한다는 것은 우리 삶의 방향에 순응한다는 뜻이다. 토마스 머튼은 다음과 같이 적은 바 있다.

> "인생은 무엇을 위해 살아가는지에 따라 빚어지는 것이다. 우리는 우리가 갈망하는 모습대로 만들어진다."[47]

오늘날 갈망에서 나타나는 문제는 크게 두 가지다. 갈망은 피상적이고 즉각적인 만족을 요구하는 경향이 있다. 게다가 우리 대부분은 자신의 가장 깊은 곳에 있는 갈망을 알아차리지 못하거나 채워지지 않는 욕망을 더 깊은 갈망으로 착각하기도 한다. 이때 채워지지 않는 욕망을 좇는 경우 그것은 고삐 풀린 욕구로 이어지고, 나아가서는 우리가 정말로 원하지 않고 필요로 하지 않는 것들을 갈망하기에 이른다. 이 부분이 우리가 소비문화 속에서 깨닫지 못하는 점이다. 갈망처럼 보이는 것을 충족한다고 해서 이는 통제되지 않는다. 실제 갈망을 찾아야 한다. 진정한 갈망은 우리 삶이 무엇과 연관되어 있는지 보여 주는 가장 정직한 지표다.

갈망은 성령에게서 나는 것이기에 하느님의 선물이며, 우리를 생명의 충만함으로 이끈다. 갈망은 필요가 아니라 은총에 의해서 생겨난다. 바로 이것이 갈망이 삶의 맥박인 이유다. 갈망은 우리 삶을 가장 깊은 바람으로 안내한다.

갈망이 잘못된 방향으로 인도되면, 우리 삶에서 하는 선택들 역시 잘못된다. 갈망은 우리에게 마음 깊은 곳에 솔직하고 주의 깊게 귀 기울이라고 요구한다. 마음속은 우리가 바라는 것이 무엇이고, 우리 삶을 변화시키는 것이 무엇인지 찾아내는 장소이기 때문이다.

갈망은 매일 아침 우리를 일깨운다. 하느님을 선택하는 일은 우리 마음이 하느님을 향해 있을 때 매일 일어나는 갈망의 행위다. 우리 삶의 매 순간은 하느님을 위한 선택의 순간이어야 한다. 생각해야 할 것들, 해야 할 것들로 가득 찬 우리 삶에서 매 순간 하느님을 선택하는 일은 비합리적으로 보일 수 있다.

그렇다면 어떻게 '자기중심주의self-centeredness'를 버리고 '하느님중심주의God-centeredness'에 이를 수 있을까?

성인들은 우리에게 '하느님중심주의'로 가는 유일한 방법이 실천임을 가르쳐 주었다. 우리는 '하느님을 실천하는practice God' 법을 배워야 한다. 이는 우리에게 '하느님 의식God-consciousness'이 필요함을 말해 준다. 이 의식은 기도를 통해, 하느님 안에서 호흡함으로써, 그리고 사랑으로 표현되는 하느님으로 마음이 충만해질 때 생겨난다.

영성은 자의식에서 하느님 의식으로 변하는 일이다.

곧 우리가 속해 있고 그 안에서 우리 성취를 발견하는 신적 타자Divine Other를 향하는 것으로 의식이 바뀌는 일이다. 따라서 영성 생활은 우리의 자아가 다시금 하느님께 중심을 두는 것이다.

우리가 매일 '하느님을 행'할 때, 식별하는 삶을 살 수 있다. 내면의 평화나 위안 속에서 살아가게 되는 것이다. 그리고 황량함의 시간은 시련의 시간이지만 우리를 새로운 방향으로 인도하기 위한 표지임을 깨닫게 된다. 우리 안에 여전히 가라지가 자라고 있겠지만 하느님처럼 매일 사랑하면 밀을 거두게 된다. 그리고 이러한 사랑을 규칙적으로 실천함에 있어 식별은 없어서는 안 될 필수적인 요소다. 하느님은 우리 삶의 중요한 일부가 되시고, 우리는 그분께 더욱 가까워지길 열망하게 된다.

4세기 니사의 그레고리오 성인은 영혼을 영원토록 자라게 하는 움직임(에펙타시스, epektasis)이 하느님 안에서의 삶을 끊임없이 선택하도록 이끄는 식별을 돕는다고 밝한다. 에펙타시스Epektasis는 과거를 벗고 끊임없이 새로운 은총에 자신을 열면서 앞으로 나가는 영혼의 움직임을 일컫는 말이다. 영혼은 무한한 사랑의 원천을 향하여 영원토록 확장하는 영적 세계다. 여기에는 두 가지 측면이 있다. 하나는 하느님과 확실한 접촉이 이루어진다는 면이다. 영혼은 그분의 일부가 되고 성스러워진다. 그러나 다른 하나는 무한한 사랑이신 하느님께서 항상 저 너머에 계시기에, 영혼은 끊임없이 자신에게서 벗어나야 한다는 면이다. 도달한 단계를 끊임없이 넘어서서 나아가야 한다. 그러므로 각 단계마다 '주님의 영광'에 도달할 수 있지만 그 단계의 영광의 빛은 항상 새로운 '영광의 빛'에 가려지게 된다. 영혼은 이렇게 '주님의 영광'에서 '주님의 영광' 사이로 움직인다(2코린 3,18 참조).

그레고리오 성인은 영혼이 안전하려면 변화 속에 있어야 한다고 말했다. 변화는 영적 성장의 표식인 반면, 성장을 절대적으로 거부하는 것은 죄이기 때문이다. 각

각의 새로운 영적 성장 단계들 속에서 영혼은 매번 완전히 새롭게 발전한다.

  하느님을 향한 여정은 나선형을 이룬다. 영혼의 매 성장 단계들은 절대적인 시작점이 있지만 모든 마지막은 또 다른 시작이며, 각 단계에 도달했다는 사실은 새로운 출발을 뜻한다. 이러한 방식에서 볼 때, 식별이란 삶의 단계나 변화의 갈림길에서 필요한 게 아니다. 오히려 영혼의 가장 깊은 곳에 있는 갈망의 역동적인 움직임 속에서 사는 방식이자, 하느님 안에서 사는 방식이다. 삶이 수많은 선택을 제시할 때, 우리 삶의 나침반은 항상 같은 방향, 곧 하느님을 가리켜야 한다. 그렇게 할 때 우리는 모든 구체적인 결정 속에서 그 중심에 하느님을 모시게 된다.

✦ 잠시 묵상하기

- 내 삶의 가라지와 밀은 무엇인가?
- 하느님 안에서 살아가기 위해 식별을 실천하고 있는가?
- 하느님 사랑 속에서 살아가려는 나 자신에게 인내심을 갖고 대하는가?
- 내 삶은 밀과 가라지 중 어느 쪽을 향해 있는가?

:

영성 생활은
더 이상 자기 자신이 아니라
하느님께
중심을 두는 것이다.

여섯째 밤

:

사랑의 무게

네 번째 복음서의 저자는 그의 제자들에게 보낸 짧은 편지에서 "하느님은 사랑이십니다."라고 밝힌다(1요한 4,8 참조). '하느님은 사랑이시다.'라는 말은 사랑이 하느님을 정의한다는 뜻이다. 사랑은 하느님의 본래 모습이다. 하느님은 사랑이 아닌 다른 어떤 것도 아니다. 어린 시절 나는 하느님이 착한 아이들에게 상을 주시고, 악한 아이들에겐 벌을 주시는 나이가 지긋한 할아버지라고 상상했다. 나는 하느님 사랑이 사순 시기 때 아이스크림을 먹는 것과 같다고 상상했는데, 이는 정말 멋진 경험이었다.

나는 '하느님께서 인격적이시며, 관계하시며, 변화시키며 일치를 이루시는 사랑이시다.'라는 계시를 헤아리는 데 오랜 시간이 걸렸다. 잠시 멈추어 서서 '하느님은 사랑이시다.'라는 점이 무엇인지 곰곰이 생각해 보면, 우리는 신적 생명을 잠시나마 엿볼 수 있다.

시작이 없으시고 무한하시며 우리 두뇌로는 이해할 수 없는 사랑의 충만한 샘이신 아버지는 사랑이 넘치신다. 그리고 그 넘치는 사랑을 그분이 아니지만, 그분을 완전히 나타내는, 그분의 말씀이신 성자에게 부어 주신다. 성자는 성부가 아니나, 성부가 가지고 있는 모든 것을 지니고 계신다.

성부와 성자 사이의 사랑은 영원하며, 역동적이며, 상호적인 사랑이다. 그리고 성령이라는 위격으로 표현되는 영적인 결합 속에서 성부와 성자는 서로를 향해 사랑의 숨결을 불어넣고 계신다. 누군가 "하느님은 누구신가?"라고 묻는다면, 우리는 '하느님은 사랑 속 위격들의 친교'라고 대답해야 한다.

인간과 모든 피조물은 아버지의 사랑으로 표현되는 말씀, 곧 성자 안에서 창조된다. 그러니까 우리는 사랑의 친교 안에서 창조되는 것이다. 우리는 말씀으로 창조되었기 때문에, 하느님의 무한한 사랑의 유한한 표현이다. 성부의 사랑이 성자에게 넘쳐흐르듯, 하느님의 사랑이 우리에게 넘쳐흘러 성자께서 성부를 그리워하듯 우리 역시도 하느님을 갈망한다. 시편 42편에서 저자가 사랑하는 이를 향한 그리운 마음을 나타내듯이 말이다.

"제 영혼이 하느님을, 제 생명의 하느님을 목말라합니다. 그 하느님의 얼굴을 언제나 가서 뵈올 수 있겠습니까?"(시편 42,3)

성부와 성자를 결합시키는 사랑의 영은 우리 안에 숨을 불어넣어 주시고 하느님을 그리워하고 갈망케 하는 똑같은 영이시다.

우리는 언제 하느님의 얼굴을 뵐 수 있을까? 니사의

그레고리오 성인에 따르면 우리가 하느님의 얼굴을 뵙고자 가까이 다가가면 갈수록 그분의 얼굴을 헤아릴 수가 없다고 말해 준다. 하느님 안에서 살아가는 일은 결코 이해할 수 없는 사랑이신 그분을 향한 그리움이다. 이를 두고 그분을 찾으려 할수록 더 지치게 된다고 여길 수 있으나, 사실은 하느님께 가까이 갈수록 그분을 더 갈망하게 되는 것이다.

멀리 떨어질 때가 아니라 가까이 할 때 사랑하는 이를 향한 마음이 불타오르게 된다. 또한 하느님과 가까워지고자 한다면 그분과 시간을 보내야 한다. 하느님께 최소한의 시간만 할애한다면 최소한의 사랑만 얻게 된다. 혼란스럽진 않으나 미적지근한 마음만 대가로 얻는 것이다. 이는 건강해지려면 좋은 음식을 먹어야 하는 것과 마찬가지다. 사랑받기 위해선 먼저 사랑해야 한다.

때로는 수많은 사랑 사이에서 무엇을 택해야 할지 몰라 분열되는 모습이 나타날 수도 있다. 만약 자신에게서 그러한 모습이 나타난다면 이는 결국 자신뿐만 아니라 그 무엇도 사랑하지 못하는 모습이다. 우리는 다양한 것을 사랑할 수 있지만, 그 사랑들 속에서 우리 스스로가 갈라져서는 안 된다.

내어 맡김은 사랑을 위한 선택이다. 이는 '이 사랑이 나에게 어떻게 이익이 될까?'라고 묻는 게 아니다. 오히려 사랑이 죽음보다 강하다는 사실을 확증하는 일이다. "사랑에는 두려움이 없기에"(1요한 4,18 참조) 우리는 결코 하느님 사랑이 지닌 무게를 두려워해서는 안 된다. 하느님께서는 우리가 스스로 만족하도록 혹은 자기 자신에 대해 귀찮게 여기도록 창조하지 않으셨다. 우리는 자신을 초월하도록 사랑 안에서 창조되었다. 위 디오니시우스는 하느님의 사랑에 대해 이렇게 밝힌다. 하느님의 사랑은 황홀하기 그지없기에, 우리 자신이라는 틀을 깨고 사랑으로 나오게 되면 분명 하느님 사랑에 취하게 되리라고 말이다.[48]

신뢰

우리가 하느님의 뜻을 갈망하고 그분을 갈구한다면, 그러한 여정에 위험과 도전이 뒤따른다는 사실을 깨닫기 마련이다. 바오로 사도와 아우구스티노 성인, 토마스 머튼에 이르기까지 많은 영성가들은 두 가지 뜻, 곧 자기 뜻과 하느님의 뜻이라는 딜레마에 빠진 인간의 삶에 대해 이야기했다. 전자는 하느님에게서 멀어지게 만들고, 후자는 하느님을 향하게 만든다. 보통의 경우, 이쪽 혹은 저쪽을 택하게 되지만, 바오로 사도가 로마인들에게 보낸 서간에서 밝혔듯 우리는 양쪽 사이에서 진퇴양난을 겪기도 한다.

"여기에서 나는 법칙을 발견합니다. 내가 좋은 것을 하기를 바라는데도 악이 바로 내 곁에 있다는 것입니다. 나의 내적 인간은 하느님의 법을 두고 기뻐합니다. 그러나 내 지체 안에는 다른 법이 있어 내 이성의 법과 대결하고 있음을 나는 봅니다."(로마 7,21-23)

우리가 하느님 사랑의 친교라는 품 안에 있다면, 어떻게 두 뜻 사이에서 옴짝달싹 못하는 것인가? 우리는 삼위일체 하느님의 사랑에 사로잡혀 있는가, 그렇지 않은가? 사로잡혀 있다. 그러나 하느님은 우리를 자유로이 사랑하시기에, 우리 역시 숨겨진 속셈이나 강요 혹은 다른 이유로 응답하는 게 아니라 사랑 안에서 자유로이 응답해야 한다.

보나벤투라 성인은 "하느님께서는 사랑 속에서 자신을 낮추신다."라고 말했다. 그러나 죄 많은 본성에 사로잡힌 우리 인간은 하느님을 외면한 채 지성에 눈이 멀고, 욕망에 따라 왜곡되며, 끊임없는 질문에 얽혀 있다. 그래서 보나벤투라 성인은 이렇게 밝힌다.

> "인간은 끊임없이 묻고 구걸하나 그러한 탐욕은 결코 충족되지 않는다."[49]

그러므로 하느님은 우리를 너무나 사랑하신 나머지 자신을 낮추시는데, 우리는 자기중심주의라는 거미줄에 갇힌 채 자기 자신을 사랑하고자 몸을 웅크리고 있어 그분의 손을 붙잡는 데 실패하고 만다. 이로 인해 하느님의 겸손함을 보지 못하게 된다.

겸손하신 하느님과 관계를 맺으며 살아가기 위해서는 진리를 알고 올바르게 사랑하며 옳게 행동하기 위해 똑바로 서 있어야 한다. 보나벤투라 성인은 이렇게 하기 위해 우리가 어떻게 해야 하는지 다음과 같이 알려 준다.

> "자기 자신을 완전히 멀리하고 하느님께로 향할 때 이렇게 할 수 있다."[50]

하느님의 은총이 우리를 올바른 방향으로 나아가도록 도와주신다. 그러나 하느님의 은총은 자유라는 특징을 지니고 있다. 하느님은 우리 사랑을 강요하지 않으시나 우리는 하느님께 "예."라고 응답해야 하며, 이는 자유에 의해 답하는 일이다.

인간의 자유는 하느님의 자유에 그 근거를 둔다. 완전한 사랑은 지극히 자유롭다. 교부들은 하느님께서 인간의 자유 앞에서 무력해지며, 인간의 자유는 그분의 전능함에서 생겨나기에 하느님께서 인간의 자유를 훼손시킬 수 없다는 점을 알아차렸다. 간단히 말해, 하느님께서 인간의 자유를 창조하셨기에 그분께서는 당신의 피조물인 자유를 훼손시킬 수 없으시다는 것이다.

비록 우리가 하느님 사랑으로 창조되었다 하더라도, 하느님의 뜻만으로는 구원받을 수 없다. 오히려 하느님께서는 우리의 협조와 하느님처럼 되겠다는 동의를 필요로 하신다. 하느님은 우리에게 신적 사랑을 강요하지도 않으시며, 당신을 사랑하라고 우리를 몰아세우지도 않으신다. 대신 하느님의 사랑은 너무나 심오하고 겸손해, 약함과 고통 속에서 우리가 있는 곳으로 당신을 굽히신다. 그리하여 우리가 하느님이 계시는 곳에 있을 수 있게 하신다. 정교회 신학자인 블라디미르 로스키는 이렇게 적었다.

> "당신에게 저항하는 인간의 의지로 하여금 하느님의 뜻을 자유로이 따를 수 있도록 이끄시고자 하느님께서는 언제나 우회로를 택하신다. …… 하느님은 강요하지 않고 영혼의 문 앞에서 기다리시는 사랑의 구걸자이시다."[51]

만약 하느님께서 인내심을 가지고 우리가 당신 사랑의 부르심에 응답하기를 기다리신다면, 우리의 두려움을 하느님께 투영시키지 않는 한 어떻게 하느님을 폭군이나 복수심에 불타는 신으로 상상할 수 있겠는가?

하느님은 우리 영혼의 문 앞에서 구걸하고 계신다. 문을 열고 하느님을 안으로 초대할 수 있는 사람은 오직 우리 자신뿐이다. 우리가 낯선 사람을 집에 선뜻 초대하지 않듯, 하느님이 우리에게 낯선 분이시라면 우리는 그분을 초대하지 않을 것이다. 그렇기에 하느님을 향한 신앙만으로는 충분하지 않다. 신적 생명에, 그리고 이 생명을 나누고자 우리를 초대하시는 사랑의 하느님께 신뢰를 두어야 한다. 성경 속에서 예수님은 제자들에게 믿음을 지니고 신뢰를 두라고 얼마나 자주 말씀하셨는가.

어떠한 조건도, 어떠한 증거도, 어떠한 물물 교환도 없이 상대방을 받아들이는 일은 우리 사랑을 구걸하시고 애원하시는 분께 신뢰를 두는 것이다. 하느님의 뜻을 실행할 때 우리는 사랑을 구걸하시는 그분을 우리 내면의 집에 초대하게 된다. 사랑을 구걸하시는 하느님께 신뢰를 두는 일은 우리가 가진 모든 것을 그분께 넘겨드리는 일을 뜻한다. 이는 의탁surrender이다.

의탁: 포기인가, 바치는 것인가?

최근에 나는 피정에 다녀왔다. 그 피정의 마지막 시간에 피정을 지도했던 이는 사람들 각자에게 동전을 건네주면서 그 동전에 적힌 "하느님의 섭리 안에서 우리는 굳건하다In God We trust."라는 말을 곰곰이 생각해 보라고 하였다. 많은 사람에게 돈이 신이 되어 버린 요즘, 동전에 적힌 하느님을 신뢰하는 말을 생각해 보라는 것은 아이러니할 수밖에 없다. 돈이 권력이 되었고, 권력이란 통제할 수 있는 힘을 가리킨다.

통제와 권력이 있는 곳에는 신뢰가 필요치 않다. 오직 소유만이 있을 뿐이다. 권력과 소유는 일종의 굴복이나 항복surrender을 강요할 수 있다. 전쟁의 경우, 땅을 점령하고 포로가 된 그 지역 사람들을 강제로 항복시킨다. 이런 종류의 항복은 패배를 뜻하며, 전투에서 패배하여 붙잡힌 자들에게 무기를 넘기도록 강요하는 일이다.

패배주의 성격을 지닌 항복은 불치병의 진단을 받고

더 이상 살고 싶어 하지 않는 이들에게도 나타난다. 전쟁에서 붙잡힌 이들이 적에게 정복당하듯, 살고자 하는 의지 역시 병고에 의해 패배하게 된다. 어느 경우든 항복은 자신보다 훨씬 더 큰 무엇에 제압되어 살고자 하거나 혹은 싸우고자 하는 의지를 포기하는 일을 의미한다.

그러나 하느님께 의탁하는 것은 엄청난 권력 앞에서 포기하는 것이 아니며 의지가 지닌 갈망을 꺾는 일도 아니다. 이는 오히려 자유로이 자기 자신을 하느님께 바치는 것이다. 하느님의 힘이 우리를 압도하거나 무너뜨리는 게 아님을 깨달을 때, 우리는 하느님의 사랑이 평생토록 힘을 실어 준다는 사실을 알아차리게 된다.

무조건적인 하느님의 사랑의 권능을 신뢰하는 게 어려운 이유는 무엇인가? 바로 스스로를 위해 하느님의 능력을 통제하고 싶어 하거나, 볼 수 있고 만질 수 있는 힘을 원하기 때문이다. 어떠한 상황에서든 의탁은 자기 권력self-power과 자기 통제self-control를 포기하는 것을 의미한다. 그러나 하느님의 사랑은 우리가 이 사랑에 완전히 의탁하면 힘을 북돋아 준다.

자기 자신을 버리지 않고 의탁할 수 있는가? 그럴 수 있다. 자신의 의지와 갈망에 반하는 오직 자신보다 더 큰 어떤 힘에 굴복한다면 말이다. 그러나 하느님의 뜻에 스며드는 의탁의 형태는 오로지 자유로이 선택한 자기 내어 줌self-surrender밖에 없다. 하느님 안에 들어설 때에야 우리는 비로소 자유로이 살 수 있는 힘을 얻는다. 곧 하느님께 의탁해야 자유로이 살 수 있는 것이다. 우리가 하느님께 속한다는 사실을 알 때 하느님 사랑의 품 안에서 자유롭고 안전하게 살아갈 수 있다.

인간이라는 존재가 지니는 가난함을 나타내는 의탁은 하느님을 향한 철저한 의존을 의미한다. 참으로 가난한 사람만이 하느님의 은혜로운 사랑이라는 실타래를 붙잡을 수 있다. 그는 자신의 생명이 전적으로 우연한 것이며, 어떤 것도 그러한 방식대로 되어야 할 이유가 없음을 깨닫는다. 그러기에 모든 것이 선물임을 깨닫는 것이다. 마이클 하임즈와 케네스 하임즈는 〈창조의 성사〉라는 글에서, 가난을 정의 내리며 이를 경제적 가난이 아니라 존재의 가난으로 묘사했다.

> "한 사람의 유한함을 발견하려면 그 사람의 가난함을 인식해야 한다. 어떤 이가 자기 실존의 '모호함'을 파악할 때, 자기 존재의 근원과 원천이 자신에게 있지 않다는 충격적인 사실을 깨닫게 되며, 그 자신이 참으로 가난하다는 것을 알게 된다."[52]

모든 것은 선물이다. 가난은 우리가 나약하며, 의존해야 하며, 연약하다는 관점을 우리에게 준다. 그러한 관점으로 우리 삶을 돌아보게 한다. 가난 덕분에 우리는 자신을 위해 쌓아 두는 것이 다른 사람과의 진정한 관계에서 자신을 고립시킨다는 것을 깨닫게 된다. 가난은 이처럼 돈 주머니를 비우는 게 아니라 마음과 정신, 그리고 의지의 주머니를 비우게 한다.

가난은 우리를 취약하게 하고 타인에게 마음을 열어 준다. 또한 타인을 우리 삶에 들어오도록 하고, 우리 또한 자유롭게 다른 이들의 삶 속에 들어서도록 한다. 이처럼 우리가 붙잡고 있는 것들을 버리고 하느님을 내 삶의 하느님으로 여겨야 하느님의 뜻 안에서 살 수 있다.

하느님께 의탁하면 천국이 시작된다. 하느님께 온전한 신뢰를 둘 때, 우리는 하느님의 사랑으로 창조의 목적, 곧 하느님의 동정 어린 사랑의 얼굴을 지닌 이로 변모되기 때문이다. 우리 존재의 가장 작은 입자에, 실존의 모든 순간에, 삶의 모든 장소에 하느님이 기거하실 때 우리는 의탁의 은총 속에서 살게 된다. 데이비드 브레너는 하느님께 의탁하는 것은 우리 자신을 온전히 하느님께 드리는 일을 의미한다고 밝힌다.

"하느님께서 우리에게 주실 신뢰를 받아들이기 위해 우리 자신을 열어야 한다. 그렇게 할 때 거룩한 사랑이 우리 삶을 주도하는 데 동의하게 된다."[53]

그러므로 의탁은 전적으로 하느님께 매달리게 하는 은총으로 가득 찬 선택이다. 또한 의탁은 하느님의 한결같은 사랑에 신뢰를 두는 일이며, 내려놓은 그대로의 가난을 받아들이는 것이다. 하느님은 우리와 함께하시는 하느님이 되고자 갈망하신다. 바로 이것이 예수 그리스도의 의미다. 하지만 우리가 원하는 것은 무엇인가? 과연 우리는 무엇을 갈망하는가?

✦ 잠시 묵상하기

- 하느님께 온전히 내맡기기 위해 나를 통제하려는 힘을 내려놓고 그분께 신뢰를 둘 수 있는가?
- 사랑 속에서 나 자신을 자유로이 하느님께 내어 드릴 수 있는가?
- 하느님의 자비와 사랑에 의탁하는 데, 곧 가난한 이가 되는 데 방해하는 것은 무엇인가?

:

하느님이 내 삶의 하느님이
되시도록 해야
비로소 하느님의 뜻 안에서
살 수 있다.

일곱째 밤

:

사랑의 달콤한 의탁

하느님께 전적으로 의탁하려면 우리는 먼저 하느님의 사랑과 그분의 신실함, 그리고 그분께만 희망이 있음을 믿어야 한다. 이러한 믿음 속에서 그분과 관계를 맺어야 한다. 의탁이란 생존과 보호를 추구하는 자아의 확실한 의지가 있음에도 불구하고 상대방을 위해 양보하는 기술이다. 의탁은 하느님은 사랑이시고 사랑은 실패하지 않는다는 그 사람의 믿음을 드러낸다. 다만 의탁을 우리 쪽에서 하는 노력만으로 이루어지는 사랑과 신뢰의 움직임이라고 여긴다면 그것은 잘못된 생각이다. 하느님께 의탁하는 일은 우리를 향한 하느님의 내어 줌에 바탕을 둔다. 그렇기에 위와 같은 생각은 사랑이라는 하느님의 엄청난 신비를 놓치게 만든다.

하느님은 강생을 통해 그리고 죽음에 이르기까지 완전하고 무조건적으로 그분 자신을 우리에게 내어 주신다. 하느님께서 먼저 당신 자신을 우리에게 주지 않으셨다면, 우리는 자신을 온전히 하느님께 바칠 수 없었을 것이다. 계시란 하느님께서 가난하고 연약한 인간의 모습으로 내려오신 사건을 가리킨다. 하느님은 사랑으로 그분 자신을 우리에게 넘겨주신다. 이러한 신적인 내어 줌을 통해 하느님은 신적 사랑의 풍요로움을 계시하신다. 예수 그리스도라는 인격 안에서 하느님의 내어 줌은 위대한 신비이다.

하느님께서는 우리가 올바른 상태가 될 때까지 기다리거나 망설이지 않으신다. 오히려 지금 있는 그대로의 우리 모습을 사랑하신다. 강생하신 거룩한 사랑은 우리를 찾아 헤매시며 우리에게 전적으로 다가오신다. 하느님은 이 거룩한 사랑을 우리에게 주시어 어떠한 경우에서라도 우리는 사랑할 수 있게 해 주신다.

이렇게 자유로이 주어진 거룩한 사랑의 엄청난 선물을 가지고 있는 우리는 무엇을 해야 하는가? 어떤 이는 눈이 멀어 이 사랑을 무시하곤 한다. 어떤 이는 완전히 우리를 사랑하시어 자기를 내어 주시는 하느님을 믿지 않음으로써 그 사랑을 거부한다. 또 어떤 이는 당신을 내어 주며 사랑을 선사하시는 하느님을 나약하신 분이라고 여기거나 두려워하며 그분의 거룩한 사랑에 의문을 가진다. 그러나 하느님의 영으로 숨 쉬는 이들은 사랑 안에서 이루어지는 하느님의 자기 내어 줌을 가장 큰 겸손의 행위로 여기고, 가난과 겸손 속에서만 이 사랑을 얻을 수 있다고 받아들인다. 받아들임은 의탁하는 이들에게 나타나는 특징이다.

인간이 저지르는 죄악의 뿌리에는 소유가 있다. 아시시의 프란치스코 성인은 인간이 소유와 애착의 성향을 지니고 있음을 알고 있었다. 우리는 물질적인 것뿐만 아니라 태도, 행동, 감정도 소유한다. 또한 우리는 자신의 삶을 주관하려 하기에, 우리가 얼마나 하느님께(그리고 이웃에게) 내어 드릴지(의탁할지)도 통제한다. 프란치스코 성인은 그러한 사람들은 가난하지도 겸손하지도 않기에 하느님께 자유로이 의탁할 수 없다고 밝힌다.

오히려 하느님 사랑에 의탁하며 살아가는 가난한 이들이야말로 그 자신 안에 하느님을 받아들일 넉넉함을 지닌 사람들이다. 하느님이 머무실 자리를 마련한 이들이야말로 하느님께 의탁할 수 있는 자들이다. 하느님께서 기거하시는 이러한 내적인 자리가 없다면 우리는 강생하신 하느님 사랑의 드라마 전체를 놓치게 된다.

약하고 부서지기 쉬운 인간들과 연약한 피조물 속에서 하느님은 그분 자신을 가장 평범한 방식으로 내어 주신다. 하지만 영적인 시선과 하느님을 중심에 모시려는 마음이 없다면, 우리는 일상에서 하느님을 우리 삶의 이

방인이나 나에게 중요하지 않은 '보잘것없는 이'로 오해하기 쉽다. 프란치스코 성인은 오직 회개의 삶을 사는 이들만이, 그리고 하느님을 향해 마음을 돌리고 그분 안에서 살려고 노력하는 사람들만이 하느님의 겸손을 명확하게 볼 수 있다고 믿었다. 이러한 사람들은 영적인 시선으로 바라본다. 마음의 눈으로 바라보는 일은 하느님께 의탁하는 삶을 살아가는 것과 같다.

통제와 힘: 멈춰야 할 것들

하느님께 의탁하거나 하느님의 내어 줌을 받아들일 때 통제와 힘을 좇는 우리의 이기적인 유전자 때문에 문제가 발생할 수 있다. 통제란 우리 삶을 다스리고, 독립적인 결정을 내리고, 독립적인 작용인agent으로 행동하는 능력을 의미한다. 곧 우리 스스로의 '신'이 되는 것이라 말할 수 있다. 보통 우리가 더 큰 힘을 지니면 지닐수록, 통제력 역시 커진다. 우리가 아무리 세상의 정의와 일치를 갈망하더라도 권력과 지배는 현대 인간의 삶에서, 특히 세계 자본을 대부분 움켜쥔 선진국에서 두드러진다.

최근 뉴저지주 해안가에 있는 피정의 집에서 일주일 동안 지낸 적이 있었다. 피정 기간 동안 매일 산책을 하면서 이 마을의 집들이 마치 영국 해안의 작은 마을처럼 아기자기하게 옹기종기 모여 있음에 감탄했다. 다양한 집의 크기와 건축 양식에 놀라던 와중, 대부분의 집에 블라인드가 쳐져 있음을 깨달았다. 아무도 그 안에 살고 있지 않았던 것이다. 나중에 알고 보니, 그곳에 있는 집들은 대부분 휴가용 별장이었다. 나는 내 명의로 된 집을 구매한 적이 단 한 번도 없었으니, 왜 사람들이 큰 집을 사서 정성껏 가구를 들여다 놓고 1년에 며칠씩만 거주하는지 궁금했다. 여기서 내가 찾을 수 있었던 이유는 통제와 힘이었다. 다른 이들을 다루는 통제와 권력이 아니라 개인의 사생활과 관련된 안전, 편안함, 보호, 자유, 자율성, 그리고 공간을 향한 통제였다.

통제와 힘에 관한 갈망은 쉽게 흘러넘치기에 하느님 안에 살아가는 우리 삶에 영향을 미칠 수 있다. 하느님과의 관계가 이러한 통제로 제한된다면, 하느님께 얼마나 많은 시간을 바칠 수 있겠는가? 또 하느님께서 우리 삶을 보장해 주시리라는 걸 어떻게 기대할 수 있겠는가?

통제와 힘이 가지고 있는 문제는 바로 환상에 있다. 우리는 옆에 있는 사람보다 더 많은 힘을 지닌 것처럼 행동하지만, 하느님께 의탁하지 않는다면 우리가 소유한 모든 것을 눈 깜짝할 사이에 빼앗길지도 모른다. 고삐 풀린 통제와 힘은 하느님 안에서의 삶이라는 진리를 가리게 한다. 북미 사회는 개인의 욕망과 축적된 부에 따라 지상에서 천국을 건설하고자 하는 '호화 주택McMansion'의 시대를 목격하고 있다. 그러나 프란치스코 성인은 진정으로 우리 것은 악과 죄뿐임을 밝힌다.[54]

악과 죄를 제외한 그 밖의 모든 것은 선물이다. 하느님께 얻은 시간 속에 사는 것이며, 모두 하느님께서 빌려 주신 것이다. 어떤 이들은 젊은 나이에 세상을 떠나 이 진리를 결코 배우지 못하기도 한다. 또 어떤 이들은 나이가 들거나 몸과 마음이 약해지는 등 어려운 문제를 겪으며 이를 배우기도 한다. 마지막 때에는 하느님 앞에서 벌거벗은 채 서 있을 수밖에 없기에, 죽음만이 삶의 가치가 지닌 의미를 우리에게 가르쳐 준다. 통제와 힘이라는 병을 극복하기 위한 유일한 방법은 의탁이라고.

얼마 전 내 가족과도 친했던 친구 중 한 명이 스스로 목숨을 끊었다. 그는 매력적이고, 재력도 있었으며, 물건이 부족하지도, 친구가 부족하지도 않았다. 물론 그를 지지해 주는 사랑하는 가족까지도 있었다. 곧 모든 것을 가졌던 이였다. 그는 언제나 상냥했다. 하지만 그가 죽은 뒤 생전에 우울증을 앓고 있었다는 것이 밝혀졌다. 가족들은 이를 비밀로 한 것이다. 그의 가족들은 상황을 통제하려 했고, 어떤 면에서 그의 삶까지 통제하려 했다. 친구의 가족은 그렇게 하는 것이 그에게 최선이라고 생각했지만, 통제는 파멸로 이어졌다.

의탁은 아마도 사랑하는 사람과 연관된 상황, 특히 사랑하는 이가 상처를 받았거나 고통을 겪는 상황에서 가장 행하기 어려울 수 있다. 그러나 의탁은 다른 이들의 삶이나 우리 삶을 통제하는 일이 아니다. 진리 안에서의 삶을 마주하고, 내 삶의 부서지기 쉬운 면을 받아들이며, 내가 통제할 수 있는 범위 밖에 있는 이들이나 낯선 이들을 통해서 우리의 상처를 치유하고자 하시는 하느님을 허락하고 받아들이는 것이다. 의탁은 사랑 속에서 상대방에게 나 자신을 넘겨주는 일과 같다. 그리고 하느님과 그분의 모상인 인간을 철저히 신뢰함을 뜻한다.

우리는 의탁의 기도를 바침으로써 영적으로 의탁할 수 있다. 하지만 그렇게 해도 우리 태도나 행동들을 바꾸는 데 실패하기도 하고, 하느님과 이웃과의 관계를 통제하려는 모습을 변화시키지 못하기도 한다. 통제와 힘 때문에 우리는 관계를 맺지 못하고 고립되며, 다른 이들과 단절되어 참된 인간이 되지 못한다. 이렇게 될 때 주변 사람들은 우리 삶에 그저 장애물일 뿐이다.

인간이 된다는 것은 사람들에게 스스로를 열어 보이고, 그들을 받아들이는 일이다. 그러한 관계 속에 들어설 때 우리는 참으로 인간이 될 수 있다. 하느님께 의지하는 삶을 살아가는 가난한 이들은 우리에게 의탁을 가르쳐 준다. 그들은 삶에 주어진 모든 선물에 자신을 열어 보이고 감사하는 삶을 살아간다. 우리가 스스로를 열어 보이고 의탁하는 은총 속에 살아간다면, 삶의 작은 것들조차도 하느님 사랑의 놀라운 표징이 된다.

감사: 의탁의 언어

독일의 철학자 마르틴 하이데거는 감사와 생각이 서로 밀접한 관계에 있음을 알아차렸다. 생각한다는 것은 존재하는 모든 것을 알아차리는 일이며, 생각에 잠기는 것이다. 생각에 잠기면 비록 불완전하고 약간은 낡았고,

혹은 단조롭더라도 모든 일이 선물임을 깨닫게 되어 감사하게 된다. 즉 깊이 생각하는 사람은 의탁 속에서 자신이 지닌 재능을 받아들이며 일상을 살아간다. 감사란 의탁의 언어다. 왜냐하면 우리 삶에 주어진 모든 것이 그 나름대로의 선함을 지니고 있으며, 스스로 아름다움을 드러낸다는 것을 깨달은 이의 마음에서 우러나오는 말이기 때문이다.

히브리어에서 '감사hikarat hatou'의 의미는 문자 그대로 "선한 것을 알아보다."라는 뜻이다. 감사는 이미 내가 지닌 선하고 좋은 것을 인식함을 의미한다. 아시시의 프란치스코 성인은 모든 것에 대해 하느님께 감사를 드렸다. 그는 가난한 이들, 약한 이들, 나병 환자들에게 구원의 선물로 예수 그리스도를 보내신 하느님께 감사를 드렸으며, 심지어 하느님의 엄청난 사랑을 실천하도록 이끌어 준 어려움조차도 하느님께서 마련하셨다는 점에 감사를 드렸다.

우리는 너무 자주 스스로의 문제에 짓눌려 감사와 의탁의 삶 대신에 저항의 삶을 택하곤 한다. 이러한 삶을 택하게 된다면, 우리는 우리가 가진 것을 더 지키려 하고, 못 가진 것과 반드시 가져야 할 것들을 취하기 위해 싸우게 된다. 의탁이라는 조화 속에서 살아가는 게 아니라 저항이라는 분열 속에 살게 된다. 그렇게 우리는 더 생각하려 하지도 감사드리려 하지도 않는다. 감사란 관념이 아닌 세상을 살아가는 존재 방식이라는 사실을 잊어버리고 만다.

유명한 바이올리니스트 이츠하크 펄먼의 이야기는 감사와 의탁에 대해 잘 설명해 준다. 펄먼은 어렸을 때 소아마비를 앓아서 양다리에 교정기를 차고 목발을 짚고 걸어 다닌다. 그렇기에 무대에 오르는 것은 그에게 매우 힘든 일이었다. 어느 날, 펄먼은 콘서트를 하기 위해 뉴욕에 있었다. 그날 저녁 막이 열렸고 그가 무대에 오르자 관객들은 박수를 보냈다. 그리고 그가 무대를 가로질러

의자에 앉을 때까지 정중히 기다렸다.

그는 자리에 앉아 지휘자에게 신호를 보내고 연주를 시작했다. 그가 첫 몇 마디의 연주를 끝냈을 무렵, 총소리 같은 굉음과 함께 바이올린 현 중 하나가 끊어졌다. 연주 초반이었기에, 잠시 동안 공연을 멈추고 줄을 갈아 끼운 후 연주를 다시 시작하는 게 합리적이었을 것이다. 하지만 그는 현을 갈아 끼우지 않고 지휘자에게 신호를 보내어 그들이 멈췄던 부분부터 시작하자고 하였다. 그리고 독주 부분에서는 오직 세 개의 바이올린 현만 사용했다. 현이 끊어져서 칠 수 없었던 부분은 즉흥적으로 머릿속에서 편곡해서 연주했다. 그는 열정적이고 예술적으로 곡을 표현하며 끝까지 연주하였다. 마침내 그가 바이올린 활을 내려놓자 청중들은 너무나도 놀란 나머지 잠시 침묵해 있다가 일어나서 열광적으로 환호했다. 그들은 인간의 능력과 독창성이 지닌 놀라운 모습을 목격했다. 펄먼은 자신의 활을 들어 조용히 하라는 신호를 보낸 뒤 다음과 같이 말했다.

"여러분도 알다시피, 때로는 가진 것으로 얼마나 아름다운 음악을 만들 수 있는지 알아내는 게 예술가의 과제입니다."[55]

그는 끊어진 바이올린 줄에 대해 이야기했지만, 그 말은 어쩌면 그가 살아왔던 어려운 삶을 나타낸 이야기였을 수도 있다.

이 이야기는 우리에게 감사와 의탁에 관해 말해 준다. 이는 어려운 상황을 겪었던 한 사람이 지닌 깊은 생각과 그가 이루어 낸 일에 감사를 담고 있기 때문이다. 펄먼은 바이올린 현이 끊어져 끔찍할 수도 있었던 순간을 예술적인 아름다운 순간으로 바꾸어 내었다.

우리는 자주 모든 것이 올바르고 완전할 때까지 기다리며, 자신과 다른 이들에게 많은 것을 요구한다. 그리고 감사의 삶을 사는 대신 분노와 좌절의 삶을 살아간다. 우리는 하느님의 겸손한 사랑을 망각하고, 우리 자신이 사랑으로 인해 생겨난 선물임을 보지 못한다.

감사 덕분에 우리는 삶의 매 순간을 받아들이는 넓은 마음을 지니게 된다. 그리고 그러한 일이 벌어질 때 은총과 경이로움이 펼쳐진다. 모든 것은 자유로이 주어진 선물이다. 그리고 삶은 선물이기에 우리는 이를 은혜로이 받아들이고 나누어야 한다. 때로는 줄이 끊어질지라도 말이다.

✦ 잠시 묵상하기

- 모든 것에 감사하며 살아가는가? 아니면 내 삶의 어려움을 원망하는가?
- 모든 상황을 통제하려고 하는가, 아니면 의탁의 은총에 열려 있는가?
- 매일의 축복 속에서 하느님의 사랑을 느끼고 있는가? 아니면 그 사랑을 느끼지 못해 그분께서 주시는 사랑을 놓치고 있는가?

:

감사란
관념이 아닌
세상을 살아가는 존재 방식이다.

여덟째 밤

:

사랑의 물결

인간은 지성과 의지를 지니고 있기에, 하느님의 뜻 안에서 살아가려고 투쟁하곤 한다. 우리는 자신을 지배하고자 하는 통제와 하느님을 향한 갈망 사이에서 고군분투하고 있다. 인간이 지닌 지성과 갈망은 우리를 하느님께 이끌기도 하고, 하느님을 알지 못하게 하기도 한다. 우리는 갈망의 두 극 사이, 곧 자신의 욕망과 하느님을 향한 갈망이라는 긴장 속에서 살아간다. 의탁이란 자기중심적 자아에서 벗어나 참된 자아를 갈망하고, 하느님을 향한 갈망에 굳게 매달리는 것이라 할 수 있다.

어쩌면 하느님은 처음부터 우리가 하느님의 선하심 안에 살아가려면 투쟁해야 함을 알고 계셨을지도 모른다. 하느님은 삶을 이루는 세세한 것까지도 시간을 들여 찬찬히 살피심으로써 점진적으로 우리를 창조하셨다. 그리고 당신 피조물인 자연에 죽음과 의탁이 항상 머무르도록 하셨고, 우리가 그러한 죽음과 의탁을 살아 내도록 하셨다. 그래서 우리는 하느님의 교과서인 자연에서 의탁의 기술을 배울 수 있다.

뒷마당에 있는 작은 참나무로 예를 들어 보자. 여기 워싱턴 D.C.의 겨울을 막 지내고 추위를 버텨 낸 나무들이 있다. 척박하기 그지없는 가지들의 모습은 죽음이 그들의 아름다움을 집어삼킨 듯 보인다. 특히 한 작은 나무는 거의 죽은 듯했다. 우리는 그 나무가 너무 어리고 약해서 겨울을 견디지 못한 것에 슬퍼했다. 그러나 봄이 찾아오고 태양의 따뜻한 온기가 대지를 데우기 시작하자, 곧 나무들을 둘러싸고 싹이 돋아나기 시작했다. 어느 날

죽었다고 여겼던 그 작은 나무에도 봉오리가 피어오르고 있음을 발견했다. 죽음이 생명을 앗아 간 것처럼 보였던 이 나무에서도 봄이 찾아오고 여름이 다가오자 잎들이 활짝 피어났다.

바다의 파도를 보자. 파도는 해안으로 끊임없이 자신을 던지고 물러난다. 이처럼 자연은 불변성을 지니고 있다. 창조된 모든 생명은 선물이며 받아들임receptivity이다. 존재라는 선물을 받은 자연은 하느님의 선하심을 드러낸다.

참된 존재는 정적이지도, 자신을 에워싸지도, 통제와 힘에 따라서 살지도 않는다. 자기 내어 줌과 받아들임이라는 끊임없는 역동성을 지닌 움직임 속에 살아간다. 한 존재가 다른 존재에게 자신을 내어 주기에 다른 존재에게서 받게 된다. 자연은 하느님께서 지니시는 생명을 거울처럼 비추어 보여 준다. 나무와 꽃, 바다와 강이라는 생명 안에서 하느님은 가장 하느님 같을 수 있으시다. 이 피조물들은 죽음에 이르기까지 자기 생명을 내어 줌으로써 생명의 충만함을 얻게 되기 때문이다.

하느님 창조물인 모든 피조물은 자연의 힘에 순응하나 죽음의 힘에 굴복하지 않기에 그들의 움직임은 마치 앞과 뒤, 그리고 양옆으로 움직이는 춤과 같다. 계절이 거듭될수록, 하느님의 창조는 덧칠한 예술처럼 새로운 성장, 새로운 아름다움으로 거듭나는 생명을 보여 준다. 겨울, 봄, 여름, 가을에 이르는 계절의 순환 속에서, 나무와 꽃 그리고 온 땅의 피조물은 하느님께서 사랑 안에서 당신을 내어 주시고 생명이 움트는 것처럼, 끈기 있게 새 생명을 기다린다.

주어라, 그러면 넘치는 생명을 얻게 될 것이다. 삶이 마치 떨어지는 낙엽 같을 수도 있고 때로는 발밑에서 으스러질 수도 있다. 그러나 (사랑 안에서 끊임없이 우리에게 자신을 내어 주시는) 하느님께 여전히 열려 있다면, 우리가 살 수 있고 소유할 수 있으며 통제할 수 있는 그 어떤 것보다 더 많은 생명의 풍성함을 얻어 누릴 것이다.

평화(혹은 천국의 순간)

하느님의 뜻 안에서 살아가는 것이 무엇인지 혹은 하느님의 뜻을 실행하는 일이 어떠한 의미인지 알고자 한다면, 길가에 있는 나무나 꽃을 바라보면 된다. 나무는 단순히 나무가 됨으로써 하느님의 뜻을 행하며, 꽃은 고유한 아름다움으로 하느님의 거룩함을 증언한다.

반면 인간은 하느님의 뜻을 어렵게 만드는 경향이 있다. 우리는 하느님의 뜻을 해결해야 할 문제, 하느님과 인간 사이의 수수께끼, 해낼 수 없는 과제라고 여긴다. 우리는 참된 우리 자신이 되는 데(이것이 무슨 뜻인지 앎에도 불구하고) 힘들어하며, 혹은 (늘 다른 누군가가 되기를 바라기에) 자기 자신을 있는 그대로 받아들이는 것을 어려워해서 삶이란 그저 나무와 꽃과 같음을 알아차리는 데 긴 시간이 필요하다. 우리 존재를 깨닫는 현재의 순간보다 다른 것들에 사로잡혀 있기에, 다른 누군가가 되고 싶어 하거나, 다른 어떤 것을 필요로 하기에, 잠시라도 가만히 있는 일이 불가능하다.

이렇듯 인간 생명은 움직임에 따라 결정된다. 삶이 변하거나, 흔들리거나, 진보하거나, 퇴보하는 것은 우리 선택에서 비롯된다. 우리가 고를 수 있는 선택지는 너무나도 많다. 그래서 하느님의 뜻을 깨닫고 사는 삶이나 거룩한 사랑에 의탁하는 삶을 사는 일은 더더욱 어렵게 느껴질 수 있다. 의탁하기 위한 그 순간, 단지 2분만이라도 가만히 있을 수 있다면, 하느님의 뜻 안에 산다는 게 무엇인지 알아차리고 이를 더 잘 살아 내게 될 것이다.

한 젊은이가 늙고 지혜로운 랍비에게 찾아가 다음과 같이 물었다.

"하느님께 이르는 길은 무엇입니까?"

그러자 랍비는 자신의 일을 멈추고 눈을 들어 대답

하였다.

"하느님께 향하는 길은 없습니다. 하느님은 바로 지금 여기에 계십니다. 당신이 추구하는 진리는 숨겨져 있지 않습니다. 오히려 당신이 진리로부터 숨어 있는 것입니다."[56]

하느님의 뜻을 향한 탐구란 어떤 면에서 우리의 진정한 존재를 찾는 것이라 말할 수 있다. 그렇기에 하느님이 우리에게서 숨어 계시는 게 아니라, 우리가 자기 자신으로부터 숨는 형태다.

우리가 우리 자신을 바라보지 않으면 않을수록, 하느님을 덜 찾게 되며, 그분의 뜻을 깨우치는 데 더더욱 어려움을 겪게 될 것이다. 하느님께서 창조하신 바, 주어진 모습대로 살아가는 것이야말로 하느님의 뜻 안에 살아가는 일이다. 이 외에는 어떤 것도 더 이상 필요치 않다.

하느님의 뜻 안에 살아가는 일이야말로 천국이 지니

는 참된 의미이기도 하다. 천국은 어떤 장소를 가리키는 것이 아니라 바로 사랑의 관계를 뜻한다. 이는 지상에서 착하게 살아 먼 훗날 얻게 되는 상급이 아니라, 사랑 안에서 하느님께 의탁한 지상에서의 삶의 또 다른 면이다. 아시시의 프란치스코 성인은 사랑 안에 살아가는 것이 바로 천국이라고 표현했다.

> "주님, 당신은 빛이시기에 당신을 알아보도록 우리를 비추십니다. 주님, 당신은 사랑이시기에 사랑할 수 있도록 우리를 불태우십니다. …… 당신은 우리 안에 머무시며 우리를 행복으로 채우십니다."[57]

하느님께서 머무실 수 있도록 자신 안에 자리를 마련해 둔 사람, 스스로를 열어 보이고 받아들이는 삶을 사는 사람, 통제와 힘이라는 고삐를 내려놓은 사람은 지금 여기에서 천국을 경험할 수 있다. 넘치는 평화, 기쁨 혹은 감사의 순간은 천국을 맛보는 경험이다. 인간의 마음 안에 깃든 이 천국은 마치 사랑하는 이가 다시 돌아오는 일과 같다. 또한 어두워 보이는 모든 것에 잠시라도 찬란한 빛을 비추며, 바로 그 안에서 넘치는 사랑이 계시되는 것과 같다.

천국은 사랑 안에 깃들어 있다. 이는 우리가 바라는 그분의 품에 우리 자신을 의탁하고, 겸손한 사랑의 하느님을 우리 삶으로 받아들이는 걸 가로막는 장애물을 제거하는 데서 시작된다.

✦ 잠시 묵상하기

- 하느님과 이기적인 나의 욕구 가운데 무엇이 내 삶을 이끄는가?
- 하느님께 신뢰를 두기 어려운 이유는 무엇인가?
- 기꺼이 하느님께 의탁할 수 있는가? 그렇다면 이는 내 일상에 어떠한 영향을 미치겠는가?
- 하느님과 다른 이들과의 관계에서 내가 움켜쥐고 있는 것은 무엇인가? 힘을 지닌 사람인가? 그렇다면 그 힘을 어떻게 사용하는가?

:

천국은
어떤 장소를 가리키는 것이 아니라
바로 사랑의 관계를 뜻한다.

아홉째 밤

:

신앙 속의 자유

자연이 지닌 비밀은 사람이 일을 하거나 임무를 완수하듯 하느님의 뜻을 행하는 것이 아니라, 하느님의 뜻에 따라 사는 일이 삶의 방식임을 우리에게 알려 준다. 하느님의 뜻은 이 지상에서 우리가 사는 삶이 지니는 근본적인 의미를 가리킨다.

　하느님의 사랑이 하느님의 뜻임을 더 깨달을수록 스스로에게 거는 기대나 요구를 놓아 버리게 되고, 사랑의 움직임에 민감해지며, 창조된 세상 안에서 열린 자세로 서 있게 된다. "내 뜻을 버리고 하느님 뜻대로 하실 수 있게 하는 것let go and let God"은 하느님께서 우리 마음을 주재하시고, 우리 행동에 영향을 미치시며, 우리 생각을 차지하시도록 허락하는 일을 말한다. 마음과 영혼을 매일 하느님께 열어 보이는 가운데 그분과의 일치 안에서 성장한다면 우리는 하느님의 소유가 될 것이다.

바오로 사도는 이에 대해 이렇게 말한다.

"이제는 내가 사는 것이 아니라 그리스도께서 내 안에 사시는 것입니다."(갈라 2,20)

우리는 화가 나는 순간이나 속상한 순간 혹은 황량함의 나날들 속에 살아감에도 불구하고, 지금 이 순간 경이로움과 사랑의 관대함 속에서 머무를 수 있다. 지금 하느님 사랑으로 넘쳐 나는 삶의 선물을 받아들이고 감사하며 살아갈 수 있기 때문이다.

삶의 유한함은 친구들의 죽음 혹은 경제적인 제약이나 건강 악화 등으로 인해 계속해서 드러나기 마련이다. 그러나 하느님께 속한 우리는 더 이상 고아나 과부가 아니며 그분께서 함께 계신다는 내적인 감각을 지닌 채 살아갈 수 있다. 우리는 머리가 아니라 가슴으로 하느님의 사랑이 죽음보다 강함을 안다.

하느님의 사랑은 죽음을 생명으로 바꿀 수 있다. 그러므로 그분의 소유가 된 우리는 자유로이 주어진 엄청난 선물, 행운과도 같은 상급을 받은 자로서 살아간다. 이 선물에 놀라고 감사하는 마음을 갖게 되면 이를 다른 이들과 나누고 싶어 하게 된다. 그래서 이웃, 가난한 이들, 노인들, 그리고 낯선 이들을 바라보게 되며, 이들에게 우리가 받은 사랑을 나누면서 평범한 삶 속에서 하느님을 보게 된다. 우리뿐만 아니라 다른 이들 안에 사시는 하느님을 알게 되는 것이다. 이렇게 한 분이신 하느님을 깨닫고 우리 모두가 그분의 백성이자 아담이며 그리스도임을 알아차리게 된다.

우리는 하느님께 사로잡혀서 우리의 참존재를 숨기고 있는 겉옷과 소유한 모든 것을 벗어 놓았기에 우리의 헐벗은 몸, 순수한 인간성에 눈뜨게 된다. 이렇게 보게 되었기에 사랑할 수 있으며, 사랑하게 되었기에 성부의 마음에서 흘러나오는, 성부에게서 나신 말씀을 나눌 수 있게 된다. 그렇게 우리는 삼위일체에 참여한다.

교회의 위대한 학자였던 리옹의 이레네오 성인은 이렇게 말했다.

"인간의 완전한 삶이야말로 하느님의 영광이다."

인간이 완전한 삶을 살아가는 일은 '신'처럼 살아가는 걸 말하지 않는다. 그것은 그분의 소유가 됨으로써, 곧 은총으로 충만하며 하느님 사랑에 사로잡힌 존재로 살아가는 것을 가리킨다.[58]

하느님께 사로잡힌 우리는 어떤 기대나 불필요한 요구로 그리하는 게 아니라 사랑 그 자체만으로 자유로이 사랑하고 정의롭게 행동하는 완전한 삶을 살게 된다. 하느님의 뜻은 더 이상 추구해야 할 어떤 것이 아니다. 우리가 어디에 있든 무엇을 하든 그분의 뜻이 우리 삶이 되는 것이다. 사랑의 자유라고 일컬을 수 있는 하느님 뜻대로 산다는 것은 하느님 사랑을 살아 내는 데 옳거나 잘못된 방법이 없다는 점을 뜻한다. 하느님의 뜻은 수도 생활에 입문하거나, 혼인을 하는 문제가 아니다. 이는 어떻게 기도하느냐, 어디에서 기도하느냐에 달려 있지 않다. 오히려 데이비드 브레너는 이렇게 말한다.

> "하느님의 뜻은 영원에서부터 정해진 운명인, 그리스도 안에서 참된 자기 자신이 되는 일이다. 하느님의 뜻이란 삶의 충만함을 발견하는 일이며, 삶의 충만함은 하느님 사랑에 의탁할 때 그리고 하느님 나라의 소명을 받아들일 때만 이룰 수 있다."[59]

하느님은 우리 마음과 우리 행복을 갈망하신다. 그분은 맹목적으로 순종하기를, 잔인하기만 한 고통을 단순히 견디어 내길 바라지 않으신다. 그분은 우리가 사랑의 자유 속에서 살기 바라신다. 하지만 우리 역시도 이 사랑의 자유를 갈망하는가?

성령 안에서의 삶

하느님 안에서의 삶은 영 안에서의 삶이다. 이 영은 우리 안에서 "아빠, 아버지!"라고 외치게 만드는 영이다. 아버지와 아들이 내쉬는 사랑의 영은 피조물 위를 맴돌며 새로운 것을 빚으시며, 우리 안에 머무르기를 바라시며 우리와 함께 숨 쉬는 영이시다. 하느님의 영은 생명의 영이며, 이 영은 우리를 하느님 안에서 삶의 충만함을 추구하도록 이끄신다. 하느님의 뜻 안에 사는 일은 하느님의 영 안에서 사는 것이다. 성령께서 머무시는 곳에는 아버지와 아들, 말씀 또한 머무시기에, 성령의 거처가 되는 것이다.

하느님 안에서의 삶은 사랑의 불꽃인 성령이 뿜어져 나와 우리 삶 안으로 깃드는 데서 시작된다. 우리가 하느님의 영을 거부하고 세상의 영을 선택한다면, 우리는 하느님을 적대하고 생명의 충만함을 거스르는 선택을 하게 된다.

아시시의 프란치스코 성인은 영으로 충만했던 이였다. 성령 없이는 그리스도를 진정으로 따를 수 없기에, 그는 성령의 중요성을 강조했다. 마음이란 성령이 머무는 곳이며, 인격의 행동이나 움직임에 영향을 미치는 에너지나 힘이 머무는 곳이라고 형제들에게 쓴 적이 있다. 마음은 주님의 영이 육의 영과 투쟁하는 장소이기도 하다. 이 투쟁에 들어서는 일은 제자로서의 삶을 사는 것을 가리킨다. 육의 기분과 욕망을 끊임없이 따른다면 영 안에서의 참된 삶을 살아 낼 수 없다. 우리는 하느님을 선택해야 한다. 과거 젊었을 때의 프란치스코 성인은 값비싼 옷을 입고, 맛있는 음식을 즐겼으며, 육체적인 관계를 즐겼던 매우 인간적인 사람이었다. 그러나 하느님을 향한 철저한 선택은 천국의 것을 위해 세상의 것을 포기하도록 했다.

바오로 사도는 이렇게 말한다.

"여러분은 더 큰 은사를 구하십시오."(1코린 12,31)

우리는 더 큰 은사들을 구하려 하는가? 성령 안에서의 삶을 살기 위해서 세상의 것을 내려놓을 만큼 하느님을 신뢰하는가?

오늘날 소비 사회의 문제점은 바로 우리가 모든 것을 원하는 데 있다. 우리는 하느님, 물질적인 부, 여가 생활, 자율성, 그리고 만족스러운 개인의 삶 모두를 원한다. 모든 것을 소비하려 하며, 섭취하고, 소화시키며 나의 것으로 만들려고 할 뿐, 내 삶을 이웃과 나누려고 하지 않는다. 그 결과 많은 이가 공허한 삶을 살아가며 사랑, 관계, 그리고 삶의 충만함을 간절히 바라게 되었다.

콜카타의 마더 데레사 성녀는 우리 시대의 문제를 두고 **사랑의 위기**라고 명명했다. 우리 시대의 가장 큰 가난이 사랑의 가난이라는 것이다. 마더 데레사 성녀는 서방 국가들을 힘과 진보, 번영을 누리는 모습이 아니라 오히려 비탄에 잠긴 이들, 죽음에 가까이 다다른 자들이 넘쳐 나는 외딴곳에 있는 골짜기로 여겼다.

우리는 가난을 떠올릴 때, 단순하게 물질적인 가난을 생각하는 경우가 많다. 먹을 것이 부족해 굶주림으로 고통받는 나라들이 있는 것은 사실이나, 물질적인 부요함이 넘쳐 나는 곳에서 사람들은 외로움과 절망, 증오, 가치 없다고 평가받는 것으로 인해 고통을 겪는다. 그들은 사랑받지 못한다는 사실과 무력감, 그리고 절망감을 느끼며 살아간다.

> "그들은 웃는 법을 잃어버렸고, 인간의 손길이 지니는 아름다움을 잊어버렸으며, 사랑이 무엇인지 기억하지 못한다."[60]

현대인의 삶은 바쁘다. 폭풍에 휘말린 것처럼 이리저리 끌려다니고, 하느님이나 삼위일체에 대한 생각은 전혀 하지 않은 채 하루를 보내기도 한다. 우리는 음식이 아니라 시간, 소비주의나 한꺼번에 여러 가지 일을 하는 것에서 일종의 단식이 필요하다. 광란의 시간을 멈추고 조용히 앉아 우리가 있는 곳에 집중하는 일은 아마 현재의 순간을 향한 우리 인식을 일깨울 것이다.

하느님은 나무의 흔들림, 새가 지저귀는 소리, 보슬보슬 내리는 비, 이웃 어르신들, 노숙자들과 같이 일상적인 것들과 평범한 사람들 안에 머물고 계신다. 생명의 영이 우리 안에 깃들면, 새 창조는 우리 삶을 통해서 조용히 펼쳐진다. 물론 이는 성령께서 우리 삶을 취하실 때 가능하다. 하느님께서 우리 안에 계신다는 점을 깨닫기 시작할 때, 우리를 둘러싼 세상을 알아차리게 된다. 삶에서 하느님의 현존에 더 많이 귀 기울일수록, 하느님과 더 많이 접하게 된다. 그러면 하느님의 뜻은 어떤 두려움을 불러일으키는 불길한 힘이 아니라, 조화와 평화 속에서 만물을 이어 주는 빛나는 사랑의 실타래가 될 것이다.

사랑하라, 그리고 당신이 바라는 것을 행하라

하느님의 뜻대로 살아간다는 것은 약속이나 책임 혹은 의무로부터의 자유가 아니라 영적으로 자유로워지는 삶을 뜻하며, 재거나 따지지 않고 사랑에 투신하는 일을 가리킨다. 히포의 아우구스티노 성인은 사랑과 자유의 관계에 대해 깊이 숙고했던 인물이었다. 그는 영적으로 자유로울 수 있는 인간의 능력과 실제 영적 자유를 구분했다. 아우구스티노 성인은 참된 자유란 진리에 입각하여 결심하고, 뜻한 바를 사랑하는 것이라고 지적했다. 그리고 하느님의 생명에 깊이 참여하면 할수록, 하느님을 사랑하려는 자유는 더 커진다고 밝힌다. 곧 하느님 안에서 살아가는 일이 자유의 핵심이다.

하느님의 뜻이 우리를 자유롭게 할 것이다. 그런가? 나는 20년 동안의 수도 생활의 경험에 입각해서 이에 대해 말할 수 있다.

나는 하느님께 내 삶을 바치겠다는 일념으로 수도 생

활에 입문했다. 맨 처음 맨발의 가르멜 수도회에 입회했던 이유는 이 수도 생활이 거룩함을 향하는 확실한 길처럼 여겨졌기 때문이었다. 수도원에서의 삶은 마치 하느님을 위한 '온실'과 같았다. 해가 뜰 때부터 질 때까지, 무엇을 해야 하는지 어디서 기도해야 하는지, 어떻게 행동해야 하는지 들어야 했다. 수도원의 엄격한 생활에 적응하기 위해 고군분투했으나, 이는 의지로만 되는 일이 아니었다. 철저하게 수도 생활에 맞추는 것은 쉽지 않았다. 나는 내 삶을 전적으로 바치겠다는 표징으로 (약리학 박사 학위를 포함하여) 나의 학위를 제단 아래 묻어 두었다.

하지만 몇 년이 지난 후, 나는 평화롭고 행복한 삶을 누리려면 변화가 필요하다는 점을 깨달았다. 그래서 잠시 동안 공동체를 떠나 있길 청했고, 프란치스코회에 들어가 식별의 해를 보냈다(그리고 내가 지닌 학위들을 챙겼음은 물론이다). 마침내 나는 프란치스코회에 입회하게 되었다. 다시금 학교로 돌아가 신학을 공부했고, 전혀 생각지도 못했던 신학을 가르치는 일을 하게 되었다. 신학 학위를 취득한 후에는 단 한 번도 살아 보고 싶다고 생각한 적 없는 워싱턴 D.C.로 오게 되었다.

나는 이러한 삶의 여정을 통해 오만했던 기대들을 '내려놓고' 하느님의 사랑을 신뢰함으로써 자유의 길로 이끌리게 되었다는 사실을 깨닫게 되었다. 이러한 경험은 내게 우리가 하느님께 나아가는 게 아니라 하느님께서 우리를 자유롭게 하기 위해 오신다는 점을 알려 주었다.

내 삶을 좌지우지할 수 있는 요소들을 무력하게 만들고, 하느님께 우리 자신을 더 열어 보일수록, 하느님께선 더욱 우리 안에 오시어 머무르실 수 있다. 하느님 안에서의 삶은 사랑에 관한 대담한 모험이다. 우리 역시도 이 모험에 뛰어듦으로써 "나는 너를 영원한 사랑으로 사랑하였다."(예레 31,3)라고 말씀하시는 하느님의 절대적인 신실하심을 향한 신뢰와 희망을 지녀야 한다.

이 여정을 걸어오면서 나는 수도자든, 혼인한 이든,

그렇지 않은 이든 많은 경우에 사랑할 수 있는 자신의 능력을 깨닫지 못해 자유롭지 못한 이들을 보았다. 그들은 불행한 삶을 살고 있으면서도 안전, 우정, 의무, 편안함과 같은 다양한 이유로 자신의 세상에 갇혀 있다. 무엇인가 잘못되었다는 신호는 개인이나 집단에 영적 에너지가 부족함을 알려 준다. 이럴 때에는 타성의 구름이 드리워져, 삶을 진정으로 즐기지 못한다. 우리 안에 있는 성령의 불길을 돌보지 못한 것이다.

새로운 생각을 받아들이거나 하느님을 섬기는 새로운 방식을 향한 개방성을 완고히 가로막는 제도 교회에도 이러한 무력함의 구름이 드리워지고 있을 수 있다. 지금이라는 순간에 도전하는 대신, 타성의 구름이 드리워지면 작은 세상에 갇히게 될 뿐이다. 그렇게 되면 참행복이 있는 하느님의 신비로 들어가기 위해 필요한 용기를 통제와 안전, 편안함과 맞바꾸고 만다.

하느님 안에서 누리는 자유는 하느님께 드리는 의탁

의 열매이며, 하느님의 뜻을 자신의 것으로 삼음으로써 얻게 된 열매다. 예수 그리스도 안에 있을 때, 하느님께서 우리를 찾아오셔서 자유롭게 해 주신다는 것을 알게 되는 기쁨이자 평화다. 자유는 "~로부터의 자유free-from"가 아니라 하느님과의 깊은 관계에서 생겨나는, 성령의 흘러넘침이다.

아우구스티노 성인은 말했다.

"사랑하라. 그리고 당신이 뜻하는 대로 행하라."

이 말은 하느님을 참으로 사랑하는 이는 그분과 반대되는 선택을 하지 않기에, 하느님과 하나 된 사람은 사랑 속에서 자유로이 행동할 수 있음을 의미한다.

사랑하는 이를 다치게 할 것인가, 아니면 불쾌하게 만들 것인가? 하느님을 사랑하고 하느님을 우리 마음에 인호로 새길 때, 우리가 선택한 모든 일은 각자를 위해 마련하신 하느님의 뜻이 될 것이다.

아시시의 프란치스코 성인과 마세오 수사가 토스카나

로 향하는 여정에서 겪은 일은 좋은 예시가 될 수 있다. 프란치스코 성인과 마세오 수사는 갈림길을 만났다. 그들은 어떤 길로 가야 할지 고민했다. 마세오 수사는 그들이 잘못된 방향으로 들어서서 길을 잃지는 않을까 걱정했다. 그러자 프란치스코 성인은 하느님께서 원하시는 길을 택하겠다고 했고, 마세오 수사는 성인에게 그것을 어떻게 알 수 있냐고 물었다. 프란치스코 성인은 마세오 수사보고 멈추라고 말할 때까지 빙빙 돌라고 하였다. 그렇게 마세오가 돌다가 멈춘 뒤, 성인은 그에게 어느 방향을 바라보고 있냐고 물었다. 마세오가 답하자, 프란치스코 성인은 그 방향이 바로 그들이 걸어야 할 길이라고 말했다.[61]

프란치스코 성인은 하느님의 변함없는 사랑에 대한 엄청난 믿음을 지니고 있었기에, 어느 방향을 가든 하느님께서 함께하신다고 믿었다. 우리가 특정한 방향을 택했다면, 하느님께서 우리를 이끌어 주실 것이라는 사실을 반드시 믿어야 한다. 그리고 만약 스스로 어둠 속에 있고 두려워하고 있다는 사실을 발견한다면, 하느님의 충실한 사랑을 신뢰하며 다시금 돌아와 선택해야 한다.

하느님 안에서의 삶의 핵심은 자유에 있다. 우리가 하느님을 사랑하고 하느님께 뿌리를 내리고 있다고 여긴다면, 우리는 반드시 자유로워야 한다. 그리고 우리의 자유는 창조주이시며 구원자이신 하느님의 진리 안에서 사랑하고 정의롭게 행동하면서 살아가는 모습으로 나타나야 한다.

✦ 잠시 묵상하기

- 성령 안에서 자유로이 살아가고 있는가? 비록 이것이 다른 것을 사랑하기를 포기하는 것을 의미할지라도, 하느님을 사랑하기 위해서 기꺼이 이러한 선택을 감수할 수 있는가?
- 삶을 자유로이 다른 이에게 바칠 수 있는가? 그러한 헌신이 나를 자유롭게 만드는가, 아니면 나를 얽매이게 만드는가? 이러한 투신에 대해 어떠한 어려움을 지니고 있는가?

:

하느님을 우리 마음에 인호로 새길 때,
우리가 선택한 모든 일은
각자를 위해 마련하신
하느님의 뜻이 될 것이다.

열째 밤

:

그리스도 안에 살기

자유의 핵심이 사랑이라면, 더 순수히 사랑(어떠한 기대나 조건을 걸지 않는 사랑)하면 할수록, 우리는 더 자유로워진다. 영적 자유는 자율성이나 독립성 안에서 드러나는 게 아니라 책임과 헌신에서 드러난다. 사랑은 관계적이고, 사랑이 깊어질수록 사랑하는 이를 위해 더욱 헌신하게 된다.

실제로 우리가 자유로이 사랑할 때에 이르러서야, 상대방에게 선익이 된다는 이유만으로 온 마음을 다해 사랑할 수 있다. 참된 헌신은 규칙이나 계약, 의무에서 비롯되는 것이 아니다. 우리가 의무나 계약 때문에 어떤 공동체에서 살거나 관계를 맺는다면, 마치 세상이라는 무게를 양어깨에 짊어진 양, '삶에 질질 끌려다니는 듯' 보이는 죽음의 상태에 빠지게 된다. 그러한 실존은 영의 생명이라는 불씨를 꺼뜨리게 하기에, 하느님의 뜻을 드러내지 못한다.

바오로 사도는 이렇게 말했다.

"문자는 사람을 죽이고 성령은 사람을 살립니다."(2코린 3,6)

예수님도 율법의 문자를 거슬러 하느님의 영에 신실하셨다는 사실을 우리는 성경 내 많은 장면(예를 들어 안식일에 병을 고쳐 주시고, 밀 이삭을 먹도록 하신 일 등)에서 보지 않았는가.

성부의 뜻에 기꺼이 순종하셨던 예수님의 모습은 다른 어떤 것이 아니다. 예수님은 성부의 사랑이신 성령으로 가득했던 분이셨으며, 그분의 삶은 하느님의 다스림을 드러냈다. 그 밖의 다른 것은 중요하지 않았다. 당신 삶이 지니고 있던 완전한 하느님중심주의는 예수님으로 하여금 죽음에 이르기까지 성부께 당신 삶을 바치게 했다. 그러므로 예수님이 보여 주신 자유는 사랑 안에서 죽음에 이르기까지 성부께 신실했던 모습으로 나타난다. 그를 거부하고 반대했던 유다인들에 의해서도, 당시 사회의 관습에 의해서도, 혹은 제자들의 강요에도 예수님은 당신의 행동을 바꾸지 않으셨다. 주님께서는 내면의 깊은 샘에서 흘러나오는 사랑으로 행동하셨다.

마틴 루서 킹 목사, 도로시 데이, 오스카 로메로 등 예수님처럼 내면의 사랑과 헌신이 지니는 참된 의미에 따라 행동했던 역사의 위대한 개혁자들이 있다. 그들의 삶은 우리가 하느님의 사랑에 더 깊이 뿌리를 내릴수록, 하느님의 다스림에 온전히 자신을 내어 맡기게 되고, 이는 우리를 더 자유롭게 만든다는 사실을 보여 준다. 이것이 영적 여정의 핵심이다. 자신의 삶을 편안함이나 우정, 안전함의 중심에 두는 게 아니라 하느님께 뿌리내려야 한다. 또한 불우한 사람들, 인정받지 못한 이들 사이에, 곧 하느님을 포기한 자들이 머물고 있는 가장자리로 가서 살아야 한다. 사랑하는 데 헌신하고 사랑 안에 자유로이 사는 일은 미래의 새로운 지평을 위해 삶의 가장자리에서 투쟁하며 사는 것을 가리킨다. 이는 죽음에 이르기까지 자기 자신을 다른 이에게 건네는 것과 같다.

몇 년 전 나는 평화에 관한 수업을 가르쳤고, 여기서 평화를 이루기 위해 헌신적으로 노력했던 평신도들을 만날 수 있었다. 특히 스콧 라이트라는 학생은 내게 큰 영감을 주었다.

그는 1980년대 초, 엘살바도르에서 교리 교사로 봉사했다. 내전이 일어나 미국으로 돌아올 기회를 얻었으나, 그는 가난한 사람들을 버려두고 귀국할 마음이 없었기에 박해를 피해 그들과 함께 지내는 일을 선택했다고 했다. 그가 엘살바도르에서 가난한 이들과 함께 견딘 나날들, 총살형 때문에 죽을 뻔한 경험 등은 죽음에 이르기까지 복음을 증언했던 살아 있는 증언이나 마찬가지였다. 그는 하느님의 은총으로 내전이라는 시간을 견뎌 냈고 한참이 지난 후에야 미국으로 돌아올 수 있었다.

결혼한 그는 지금 현재 아이가 있으며, 그의 가족도 그와 마찬가지로 그리스도인으로서 정의와 평화를 증언하고 있다. 이 헌신적인 그리스도인이 보여 준 삶의 모범은 우리에게 사랑과 자유가 있는 곳에 성령이 계시며, 성령이 계신 곳에 생명이 있음을 보여 준다. 사랑을 중심에 둔다면, 잿더미로 뒤덮인 역사 한가운데서도 새로운 생명이 움터 나올 수 있다.

자유롭게 놓아 버리기

하느님의 뜻 안에서 머무는 삶은 사랑의 자유 속에 사는 것이다. 주님은 제자들에게 그들의 사명을 준비시키면서 이렇게 말씀하셨다.

"너희가 내 말 안에 머무르면 진리를 깨닫게 될 것이

다. 그리고 진리가 너희를 자유롭게 할 것이다."(요한 8,31-32 참조)

이 말씀처럼, 하느님의 뜻 안에 자유로이 살아가는 데 핵심은 '너희가 내 말 안에 머무르면'에 있다.

많은 경우에 우리는 하느님의 말씀을 저 멀리 팽개쳐 둔 채 편안함을 찾으려 한다. 그분의 말씀이 삶에 들어와서 우리를 변화시키도록 놓아두지 않는다. 하느님의 말씀을 살아 있는 생명의 말씀이 아니라, 죽은 문자로 여기며, 그분 말씀으로부터 안전한 거리를 두려고 한다. 그러나 하느님 말씀, 곧 성경의 말씀은 영이며 생명의 말씀이다. 이 말씀은 우리에게 새로운 생명을 불어넣어 주려고 하며, 그러한 생명이 있는 곳에는 변화와 성장이 있기 마련이다.

옛 사람들은 말spoken word에 어떤 종류의 상황을 암시하는 힘이 담겨 있다고 믿었다. 또한 사막 교부들에게 스승abba의 말씀은 제자의 삶에 방향과 행동을 알려 주는

지침이었다.[62] 많은 이들이 스승 롯과 요셉이 나눈 유명한 대화를 들어 본 적 있을 것이다. 스승 요셉을 찾아간 롯은 자신이 단식, 기도, 묵상뿐만 아니라 순수한 마음으로 살아가는 등 모든 옳은 일을 하였으나 충분하지 않다고 느낀다고 고백했다. 그는 자신의 영성 생활이 미지근하고 하느님만을 따르지 못한다고 느끼고 있었다. 그러자 늙은 스승 요셉은 일어나서 그의 겉옷을 벗고, 하늘을 향해 두 손을 뻗었다. 그의 손가락은 마치 열 개의 등불이 타오르는 것처럼 보였다. 요셉은 말했다.

"만약 당신이 원한다면, 하느님 사랑에 이끌려 완전히 불타오르게 될 것입니다."[63]

하느님의 사랑에서 갈라지게 하고 따로 떨어지게 하는 모든 것, 우리 생각과 행동, 심지어 기도하는 방식까지도 내려놓을 때 하느님 안에서 삶을 진정으로 시작할 수 있다. 만일 우리 자신을 사랑에 휩싸이도록 놓아둔다면, 우리는 살아 있는 하느님 사랑의 불꽃이 될 것이다.

그리스도 안에 살기

변화되지 않은 채, 기도하고 선을 행한다면 무슨 소용이 있겠는가? 하느님의 말씀을 듣고도 그것을 나의 것으로 삼지 않는다면 무슨 소용이 있겠는가? 하느님 안에 사는 일은 우리를 덕에서 덕으로, 영광에서 영광으로 변화시킨다(2코린 3,18 참조). 하느님의 말씀을 나의 것으로 삼지 않는다면, 성경은 그저 좋은 소설이나 주간 신문을 읽는 것 이상의 의미를 지니지 못한다. 하느님의 말씀은 한 사람의 삶에 받아들여지고, 삼켜지고, 소화되어 그 사람을 성장시키고자 한다.

우리는 사랑이신 하느님의 자유로움으로 자라나야 한다. 우리 삶 안에서 거룩한 사랑의 신비를 새로이 하는 '또 다른 그리스도'로 성장해야 한다. 많은 경우에 우리가 여전히 가지고 있는 하느님의 뜻에 대한 의문은 하느님을 알고자 하지만 아직 시작 단계를 뛰어넘지 못했기에 드는 것이다. 하느님의 말씀을 나의 것으로 만들지 못했기에, 그리스도의 진리를 알지 못할뿐더러 자유로워지지도 못한다. 우리는 그저 경계를 서성거리는 그리스도인일 뿐, 부르심을 받은 삶에는 온전히 참여하지 못한 채, 자신의 욕망과 물질적인 것들의 노예로 남아 있다. 하느님께 그저 개인적으로 기도만 드릴 뿐, 삶에 생기를 불어넣어 주시는 핵심에 자리를 내어 드리지 않는다. 이런 경우 하느님의 뜻은 뇌리에 남아 계속해서 괴롭힌다. 특히 자신의 운명에 관하여 숙고할 때 더욱 그렇다.

주님은 제자들에게 "나는 세상에 불을 지르러 왔다. 그 불이 이미 타올랐으면 얼마나 좋으랴?"(루카 12,49)라고 말씀하셨다. 그리스도인으로서 우리는 내면 깊은 곳에서 발산하는 사랑의 빛으로 세상을 불타오르게 해야 한다. 그리스도 안에서 그분과 함께 창조하는 이가 되어야 한다. 이 세상 속에서 우리가 희망하는 모든 것은 변화하여 그 안에 뛰어들지 않는다면 알아차릴 수 없다. 참으로 하느님의 뜻을 찾고자 한다면 진리로 그리고 자유로 나아가는 사랑의 길을 추구해야 한다. 우리가 진정으로 자유로워질 때만, 우리 자신을 타오르는 사랑의 불길에 내어 맡길 수 있다. 이 불을 통해 이기심의 두꺼운 층을 벗겨 내어 우리가 또 다른 그리스도로 변모하도록 이끌어 준다. 그리고 그렇게 되었을 때에야 우리는 참으로 자신을 **그리스도인**이라고 부를 수 있다.

하느님의 다스림이 이루어지게 하기

여러 번 반복해서 말했지만 하느님의 뜻은 개인의 안전과 행복을 보장하는 의료 보험 같은 것이 아니라, 하느님의 다스림을 위해 창조된 각 인격에게 심겨 있는 고유한 씨앗과 같은 것이다. 즉 하느님의 뜻은 하느님의 사랑이다. 이는 창조된 세상 속에 삼위일체를 드러내는 일이며, 거룩한 사랑 안에서 모든 피조물이 이루는 친교이다.

하느님의 뜻은 마치 하느님의 목적이 우리를 행복하게 만드는 것인 양, 그저 단순하게 우리를 위한 하느님의 사랑만을 뜻하는 게 아니다. 오히려 하느님은 그분을 위해 사랑하시며, 그 사랑을 나누고 당신 생명의 만찬에 모든 이를 초대하며 기뻐하신다.

우리는 하느님의 모상으로 창조되었다. 이 땅에서 우리의 목적은 하느님의 뜻에 따라 사는 것이다. 그리고 이러한 삶을 살 때 우리는 하느님께 영광을 드리게 된다. 하느님을 위해서가 아니라면 그분의 뜻을 추구해야 할 어떠한 이유도 없다. 그러므로 하느님의 뜻을 살아 내기 위해서는 사랑 안에서 펼쳐지는 거대한 자유로 향하는 길 외에 다른 길은 없다.

하느님의 뜻을 알기 위한 질문은 '해야 할 것', '하지 말아야 할 것'에 관한 게 아니라 내가 사랑 속에서 자유로이 살고 있는지, 그리고 이 사랑 안에서 주어진 자유가 나로 하여금 하느님을 닮은 모습으로 살게 하는지에 관한 것이다. 이는 의무나 책임의 문제라기보다는 깊은 내면에 있는 영에 주의를 기울여 그 영께 어떻게 헌신할지에 관한 문제다.

헌신하겠다는 결정을 내리는 데는 시간이 걸리기 마련이다. 때때로 이는 긴 시간을 필요로 한다. 우리는 많은 경우에 성령께서 제시하시는 삶의 방향을 따르는 데 충분한 시간을 들이지 않고, 가족이나 친구 혹은 공동체의 결정이나 선택에 강요받는다고 느낀다. 하지만 하느님 안에서 사는 삶에 중요한 점은 바로 시간이 아니라 사랑이다.

모든 순간 하나하나가 사실은 영원한 '현재'들이다. 지상에서의 지금은 바로 천국의 순간이 되며, 이 땅에서 천국이 열리는 순간이다. 그러니 "내일 혹은 내년에 무엇을 할까?"에 관해 질문하는 것은 의미가 없다. 오히려 "나는 지금 무엇을 하고 있으며 어떻게 사랑 안에서 살아가야 할까?"에 대해 질문해야 한다.

사랑을 선택해서 얻게 된 열매는 우리가 세상을 살아가는 방식, 우리가 세상에 기여한 것, 곧 하느님의 다스림이 펼쳐지도록 노력하는 모습에서 나타난다.

최근에 나는 노년에도 매력적이고 품위 있던 이웃, 엘로디 핸슨의 추도식에 참석했었다. 그녀는 수년 동안 외무부에서 일했고 수많은 나라들을 오갔다. 하지만 그녀의 삶을 되돌아보면서 눈에 띈 점은 바로 평범함 속에서 이루어진 사랑들이다. 그녀는 새로운 이들을 만나면 마치 귀빈을 대하듯 환영했다. 낯선 이들을 저녁 식사에 초대하고 그들을 모두 유명한 사람인 것처럼 대했다.

어떤 사람은 엘로디와의 첫 저녁 식사를 회상하면서 그 자리가 자신에게 변화를 일으켰다고 했다. 엘로디는 그를 여왕처럼 대접했고, 그는 엘로디가 베푼 친절을 결코 잊지 못했다. 그는 자신이 받은 친절에 감사를 표현하고자 편지를 썼고, 엘로디는 손수 편지를 적어 화답했다. 사랑을 향한 엘로디의 세심한 행동은 주변 사람들의 삶에 엄청난 변화를 가져왔다. 이렇듯 그녀는 하느님의 다스림이 이루어지도록 협조했다.

흥미롭게도 엘로디가 어루만진 삶의 대부분은 같은

아파트에 살던 가톨릭 여성 수도자들의 삶이었다. 비록 그녀는 독실한 개신교 신자였지만, 수도자들을 저녁 식사에 초대하면서 그들과 친구가 되었다. 그녀는 자신만의 방식으로 또 다른 수도자가 되었으며, 그리스도를 주변 사람들에게 드러냄으로써 복음의 삶을 살기 위해 노력했다. 그녀의 삶은 사랑 안에서 생겨나는 자유가 얼마나 빠르게 퍼져 가는지 알려 준다. 사랑 안에서 드러나는 자유는 어떠한 상황 속에서도 영향을 끼친다.

우리는 사랑 안에서 종종 질식된다. 그래서 자기 자신이 되는 일을, 다른 이들에게 다가가는 일을 두려워한다. 우리 자신에게 너무 몰두하다 보면 자신의 생각과 감정에 사로잡히게 된다. 그러면 다른 이들이 우리를 어떻게 여길지 지나치게 걱정하곤 한다. 그러나 참된 사랑은 변혁을 일으킨다. 이는 진리 안에 사는 것이며, 악과 거짓에 맞서는 일에 두려워하지 않는다.

예수님은 사랑 속에서 어떻게 살아가야 하는지, 사랑

속에서 누리는 자유가 어떻게 하느님의 다스림을 세상에 퍼지게 하는지 알려 주신다. 사랑은 언제나 사랑하는 이의 선익을 추구하기에, 참된 사랑은 종종 알려지지 않은 길로, 혹은 위험을 감수하게 하거나 죽음의 여정으로 우리를 이끌기도 한다. 예수님은 성부의 사랑에 순종하며 사셨고, 이 사랑의 길은 십자가로 이어졌다. 그리고 십자가를 통해서 새로운 생명이 세상에 흘러넘치게 되었다.

하느님의 다스림을 보고 싶다면, 낯선 이들에게 다가가고, 부패한 시스템에 도전하고, 편안하고 안락한 개인주의에 도전을 감행하는 일처럼, 삶이라는 그릇에 사랑의 성령을 가득 채워야 한다. 그렇게 해서 하느님의 다스림이 펼쳐지도록 도와야 한다. 사랑에는 변화시키는 힘이 있으며, 이 사랑의 힘은 이미 우리 안에 있다. 우리 각자는 살아 계신 하느님을 현존케 하는 힘을 지니고 있다.

베아트리체 브루토는 인격 안에 있는 초월적인 자유

의 핵심이 무엇인지 간단하게 정리했다. 사랑의 자발적인 에너지에서 생겨난 자유이자 행동으로 옮기게 하는 자유란 무엇인지 우리에게 알려 주는 말이다.

> "초월적인 자유에 의해 그리스도 안에 들어서서 새로운 피조물이 되려면, 개개인의 미래에, 그리고 창조 그 자체의 핵심에, 그리고 하느님의 미래에 믿음을 가지고 뛰어들어야 한다."[64]

하느님의 뜻대로 살아간다는 것은 사랑이 선사하는 초월적인 자유를 누리면서 사는 일이다. 바로 이 핵심에서 하느님의 다스림이 우리로부터 펼쳐지게 된다. 그것은 보상이나 상급 때문에 비롯된 게 아닌 마르지 않는 샘처럼 우리 안에 있는 사랑, 혹은 에너지의 중심에서 끊임없이 솟아난다. 왜냐하면 하느님께서 이 모든 것의 원천이시기 때문이다. 이는 기도, 하느님과의 일치, 성령 안에서의 기쁨과 평화가 넘쳐흘러 생겨난 것이다. 바로 이 사랑이 하느님의 다스림이 펼쳐지도록 돕는다.

살아 내고자 하는 의지

지금까지 이야기했던 모든 내용이 하느님의 뜻에 관한 것이라면, 이는 한 가지로 귀결된다. 곧 하느님께서 알려 주시는 자신의 삶을 살아 내고자 하는 의지다. 이 책에서 강조하려고 한 것처럼, 하느님의 뜻이란 삶의 청사진이 아니라 사랑의 길, 하느님의 길을 매일 선택했을 때 우리가 살게 될 삶을 가리킨다. 그러니 하느님의 뜻을 찾고자 할 때에는 다음과 같은 질문을 던져야 한다.

"기쁨, 자유, 평화, 관대함, 그리고 친절함을 지니고 있는가?"

"하느님의 사람들과 이 땅에 사는 사람들의 행복에 기여하고 있는가?"

"그리스도가 이 세상에 살아 숨 쉬도록 하는 선택인가?"

"하느님의 영이 더 자유로이 내 안으로 불어오도록 하는 선택인가?"

하느님의 뜻은 하느님의 사랑이며 이 사랑이야말로 삶의 핵심이다. 사랑이 없으면 이 삶은 무너지고 만다. 그래서 하느님의 뜻을 찾는 일은 궁극적으로 생명을 추구하는 것이다. 생명은 선익을 나누고 다른 이들과 창조적으로 어울림으로써 펼쳐진다. 하느님의 뜻을 추구할 때, 우리는 (마치 그것이 '나에 관한 모든 것'이라 여기며) 나 자신만을 위해서 그것을 따르는 게 아니라 다른 이들을 위해서도 추구한다. 우리 삶을 통해 하느님은 다른 이들과 우리가 이루는 관계를 더욱 비추어 주시어, 우리뿐만이 아니라 그들 역시도 더 깊이 사랑할 수 있게 하신다. 그러므로 하느님의 뜻에는 옳고 그른 길이란 없다. 이는 생명으로 향하는 길이며, 하느님에 의해, 하느님 안에 머물며, 하느님을 위해 존재하는 방식이기에.

생명의 반대는 죽음이 아니라 무無다. 죽음 자체는 생

명을 이루는 요소이므로 생명의 본질에 해당된다고 여길 수 있다. 무란 죽음에 의해서 정의되나, 이는 (죽음의 일반적인 의미인) 지상에서의 삶의 끝을 가리키는 게 아니라, 영의 소멸을 담고 있다. 죽는다는 것은 숨을 쉬지 않음을 뜻한다. 우리 삶을 활기 있게 하고, 우리의 인격성을 드러내는 성령이 지니는 생명이 우리에게서 떠나간 게 바로 죽음이다.

죽음은 누구에게나 어디서든 그리고 언제든지 일어날 수 있다. 이는 중장년층에 속한 이들뿐만 아니라 젊은이들에게도 영향을 끼친다. 또한 부부, 미혼자, 종교인, 그리고 수도 공동체를 소멸시킬 수도 있다. 내가 말하고자 하는 죽음인, 영적 죽음도 이와 마찬가지다. 다만 그 죽음은 하느님의 뜻을 추구하는 일을 포기하고 손을 흔들면서 "포기할래."라고 말할 때 발생한다.

우리는 인간이기에 갈등을 피할 수 없다. 갈등이 생겨나면 상처, 오해, 불신, 분노, 원한이 나타나곤 한다. 이는 갈등이 생겨나는 일 자체 때문에 그리되는 것이 아니라, 갈등이 생겨났을 때 우리가 행하는 것 때문에 그리되는 것이다. 그러나 하느님의 뜻에 따라 살려면 갈등이 나타났을 때에도 항상 사랑 속에 머물러야 한다. 사랑의 영이 머무는 한, 계속해서 생명의 길을 걸을 수 있다. 분노와 원망의 힘으로 사랑의 영을 꺼 버릴 때, 우리는 하느님의 뜻과 반대되는 것을 택하며, 영적 생명보다 죽음을 택한다. 생물학적으로는 살아 있다고 여겨져도 자비와 연민, 용서라는 그리스도의 길을 거부한다면 우리 안에 있는 생명의 영은 죽게 된다.

한 수녀가 어둠과 우울함 속에서 일생을 보냈다. 그 수녀는 과거에 깊은 상처를 겪었는데 그것들을 놓아 버리고 생명이 지니는 선함이 승리하도록 이끌지 못했다. 처음에는 다른 이들을 대할 때 기뻐할 수 있었으며, 친절히 대할 수 있었다. 그러나 사람들과 함께 살면서 점차 자신 안에 있던 분노의 깊이를 깨닫게 되었다. 때로는 너무 자기중심적이어서, 하느님의 뜻과는 무관하게 사는 사람처럼 보였다. 그 수녀에게는 정의에 관한 자신의 관점만 중요했다. 수녀는 자유로이 사랑하고 싶은 갈망과 과거에 상처받은 자아를 놓는 일 사이에서 몸부림쳤다.

수녀원 근처에는 한 중년의 부부가 살고 있었다. 그들은 교회 전례에는 참여하지 않았지만, 수녀들을 도와주며 지냈다. 그들 역시 슬픔과 깊은 상처 속에서 살았다. 수년 전 오토바이 사고로 아들을 잃었기 때문이다. 그들은 그 비극을 넘지 못하고, 자신들의 비극을 하느님과 교회의 탓으로 돌렸다. 수녀들에게 많은 선행을 베풀었음에도, 그들은 여전히 원한을 품은 채, 수녀들이 나누는 영적 대화에 쓴소리를 뱉었다.

그들은 선을 향한 갈망과 인간이 겪는 실패에서 나온 비극적인 악 사이에서 옴짝달싹하지 못했다. 하느님의 뜻에 관한 이야기를 그 부부와 나눌 때마다, 대화는 항상 암울한 논쟁으로 끝났다. 나는 그들이 마음 깊은 곳에서 하느님께 용서를 구해야 함을 깨달았으리라고 믿는다. 다만 실제 그들의 삶에서 용서의 힘을 받아들이기란 쉽지 않았으리라. 하느님의 사랑을 온전히 믿지 못했기 때문이다.

요한 복음에서 예수님은 제자들에게 이렇게 강조하신다. 착한 목자를 뒤따르는 일은 도둑과 맞서는 것을 의미하나, 진정으로 생명을 추구하는 이들은 길을 잃어버리지 않는다고 말이다.

"나는 양들이 생명을 얻고 또 얻어 넘치게 하려고 왔다."(요한 10,10)

그리스도를 따르는 일은 삶의 충만함에 이르기 위한, 성령 안에 살아가기 위한, 그리고 사랑 안에 머물기 위한 여정이다. 반면 그리스도를 보지 못하는 일은 생명을 빼앗으려는 자들의 함정에 빠지는 일이다. 우리는 사랑을 위해 창조되었다. 예수님은 우리에게 사랑에 이르는 길이란 십자가를 통과하여 영광에 이르는 길임을 보여 주신다. 이외의 길은 참된 인간을 위한 길이 아니며, 그 어느 것도 우리가 창조된 목적으로 이끌어 주지 못한다.

우리가 참으로 하느님의 뜻 안에 살기를 갈망한다면, 우리는 생명을 선택해야 하며, 생명의 길은 사랑 안에서 누리는 자유로 이끈다. 가족이나 공동체와 같이 기존의 관계들 속에서 이렇게 사는 것은 중요하다. 사랑 안에서 하느님의 신실함은 절대로 실패하지 않는다는 점을 깨닫고 위험을 무릅쓰고 은총 속으로 나아가야 한다. 하느님의 뜻을 온전히 살게 하는 어떠한 방법이든 이는 우리 삶의 방식이 된다. 우리는 하느님의 사랑이 우리 안에 뿌리내리고, 우리 각자가 되도록 창조하신 분의 자유로움 안에서 자라나도록 하느님의 사랑에 열려 있어야 한다. 우리는 자기 자신을 위해 쌓아 둔 분노, 원한, 질투, 증오, 시샘, 자존심과 같은 모든 것을 내버릴 수 있어야 한다. 이 모든 것은 밀과 같은 우리의 선함 사이에서 자라난 가라지다.

만약 우리가 이러한 것들을 내려놓기를 거부한 나머지 우리 삶 안에서 영을 꺼뜨려 버린다면, 용서를 청해야 한다. 우리 내면에서 선이 악을 이기도록 허락해야 한다. 첫 번째로 용서해야 할 사람은 바로 자기 자신이다. 치명적인 행동과 태도를 하도록 부추기는 것은 우리 마음이 지닌 집요한 갈고리다. 그러기에 자신을 먼저 용서해야 한다. 그런 다음 원수들과 우리에게 상처를 준 이들을 하느님의 자비와 연민에 맡겨 드리고, 그들을 용서해야만 한다. 마지막으로 나를 작디작다고 여기게 만든, 평범하기 그지없다고 여기게 만든, 그리고 내가 베푼 사랑을 거부하여 나에게 상처를 준 세상을 용서해야 한다. 용서는 인간 마음의 분열에 맞서는 사랑의 승리이기에 평화의 근간이다.

아버지의 뜻을 행하려는 예수님의 열망은 그를 십자가에 못 박히게 만들었으며, 그 십자가 위에서 다음과 같은 기도를 바치도록 이끌었다.

"아버지, 저들을 용서해 주십시오. 저들은 자기들이 무슨 일을 하는지 모릅니다."(루카 23,34)

그리고 그분은 마지막 숨을 내쉬심으로써 당신의 영을 바치셨다. 그렇게 온 우주에 새로운 생명이 움트게 되었다. 하느님의 뜻은 그분의 사랑이고, 생명은 이 사랑으로 양육되기에 우리는 이 길을 따르도록 부르심을 받았다. 우리가 사랑에 실패했다면, 다시금 새로이 시작해야 한다. 삶의 충만함이 우리를 기다리고 있기 때문이다.

주님은 "나는 양들이 생명을 얻고 또 얻어 넘치게 하려고 왔다."(요한 10,10)라고 말씀하셨다. 우리는 생명의 충만함이라는 약속을 받았고, 하느님은 언제나 약속을 지키시는 분이시다.

✟ 잠시 묵상하기

- 그리스도를 따르는 데에서 자유와 행복을 만날 수 있는가? 만약 그렇다면 이러한 것들이 하느님의 다스림이 이루어지도록 하는 데 어떤 도움을 주는가?
- 영원한 생명을 상상할 수 있다면 그것은 어떤 모습이라고 생각하는가?
- 생명을 사랑하는가? 그리고 그 사랑 안에는 하느님이 담겨 있는가? 만약 그렇다면 어떤 방식으로 하느님이 계시는가? 혹은 그렇지 않다면 왜 그러한가?

:

그리스도를 따르는 일은
삶의 충만함에 이르기 위한,
성령 안에 살아가기 위한,
사랑 안에 머물기 위한 여정이다.

·· ✦ 나가며

우리는 돈과 관련된 성공, 배경이 좋은 가정, 그리고 성공적인 경력으로 일컫는 '완벽한' 삶에 몰두하는 시대에 살고 있다. 그런데 물질적인 부유함이 정말로 완벽한 삶일까? 겉보기에 그렇게 보일 수 있지만, 하느님의 얼굴을 어렴풋하게나마 본 이들에게 완벽한 삶이란 물질적인 부유함과 전혀 다른 의미를 지닌다. 그들에게 완벽한 삶은 사랑의 관대함, 사랑받을 수 있는 능력, 대가를 따지지 않고 자유로이 사랑할 수 있는 능력을 지니고 살아가는 것을 의미한다. 이런 종류의 완벽함은 천국의 영광을 반영한다.

오늘날의 문제는 완전함을 대변하는 물질적인 성공이 하느님에게서 멀어지게 만드는 데 있다. 이는 전적으로 인간의 노력, 독창성, 성공에 기반을 둔 완벽함이기 때문이다. 이러한 길을 추구하는 사람에게 하느님의 뜻은 성취해야 할 목표이거나 그저 자신과는 무관하다고 치부되는 것이다. 그렇게 하느님은 천국이라는 감옥에 갇혀 있게 된다.

그러나 완벽한 사랑의 삶을 추구하는 이에게 하느님의 뜻은 "해야 하는가?" 혹은 "하지 말아야 하는가?"의 질문보다 완전한 사랑을 향해 열려 있는지에 관한 문제이다. 하느님의 뜻은 '행동'의 문제가 아니라 '존재'의 문제다. 이는 성취해야 할 과제가 아니라 사랑이 넘치는 하느님과 관계 맺으며 살아가는 방법이다. 하느님의 마음을 아는 이들은 그분의 뜻을 안다. 하느님의 뜻은 사랑으로 불타는 그분의 마음이며, 이 사랑은 우리의 치유와 구원을 바라시기에, 우리는 이를 충만히 누릴 수 있다.

나는 이 책에서 하느님의 뜻과 자유 사이의 본질적인 관계를 설명하려고 노력했다. 하느님의 뜻에 따라 커 나가는 것은 자유로 이어지기 마련이다. 자유 덕분에 우리는 참된 우리 자신으로 살 수 있고, 스스로에게 부과하는 과도한 기대나 요구 없이 살 수 있다. 우리 삶의 중심인 하느님의 사랑을 발견하면 할수록, 우리는 더욱 자유로워진다. 우리 생명의 원천이신 이 사랑에 우리를 스스로 의탁하게 됨으로써 말이다.

예수님이 "너희가 내 말 안에 머무르면 너희가 진리를 깨닫게 될 것이다. 그리고 진리가 너희를 자유롭게 할 것이다."(요한 8,31-32 참조)라고 말씀하셨듯, 자유는 진리와 연결된다. 하느님의 뜻에 따라 산다는 것은 진리 안에 사는 일이다. 이는 나 자신을 받아들이고, 다른 이들도 받아들이는 것을 가리킨다. 하느님의 사랑을 받고 있기에 우리가 사랑스러운 존재임을 인정하는 것이다. 그리고 다른 이들 역시 하느님에게서 사랑받고 있기에 그들 또한 사랑스러운 존재임을 깨닫는 일이다.

우리는 '신'인 척하며, 우리 삶을 힘으로 조종하고, 하느님 안에서 살기 위해 필요한 사랑을 무시할 수도 있다. 그러나 하느님의 뜻과 마찬가지로 진리는 우리를 자유롭게 한다. 우리가 있는 그대로의 모습대로 진리 안에 살아간다면, 우리는 하느님의 뜻에 따라 살아갈 것이며, 어떤 환경에 있든지 이 뜻이 자유라고 여기게 된다.

그렇다고 모든 상황을 그저 맹목적으로 받아들인다는 뜻은 아니다. 모든 상황을 식별한다는 것은 진리와 자유의 눈을 통해서 그 상황을 바라보고 이렇게 묻는 것이다.

"내 마음이 이 관계나 상황 속에서도 중심을 잡고 있는가? 이 상황에서도 내 삶은 희망과 선함으로 가득 찬 평화를 누리고 있는가?"

하느님의 뜻은 진리로 가득 찬 매 순간을 사는 일이다. 하느님은 진리이시고 사랑은 진리를 양분으로 삼기에.

이 '하느님의 뜻'이라는 문제가 정말로 실존하는 문제

라면, 그 문제의 원인은 우리 안에 있다. 우리는 하느님을 너무 복잡하게 만들며 하느님 사랑의 단순함을 나 자신의 기대나 두려움의 형상으로 바꿔 버린다. 그래서 하느님을 무자비한 재판관, 폭군, 엄한 아버지로 여긴다. 이러한 하느님상은 사랑이신 하느님이라는 계시와 일치하지 않는다. 절대적이고 무조건적인 사랑이신 하느님이라는 명백한 사실을 받아들여야 한다. 우리가 어렵다고 느끼는 부분이 바로 이 부분이다. 이 사실은 인간적인 나약함을 축소시키는 것도 아니고, 피조물이 지니는 비극적인 면을 지워 버리는 것도 아니다. 이는 단지 하느님의 사랑이 인간의 이해를 뛰어넘어서 존재하는 모든 것을 지탱함을 가리킨다.

하느님의 뜻에 따라 살아간다는 것은 이 이해할 수 없는 사랑에 의탁하는 일이다. 천국이 우리의 문을 두드리고 있음을 깨달으며, 스스로를 낮추어 당신 자신을 내어 주시는 하느님의 사랑이 우리를 그분과의 일치로 초대하신다는 점을 이해하는 것이 바로 하느님 뜻 안에서 살아가는 일이다.

어쩌면 다음과 같은 질문이 하느님의 뜻을 식별한다는 게 어떠한 의미인지를 알려 주지 싶다. 하느님의 뜻을 식별하기 위해서는 "이것이 옳은가? 틀렸는가?"라고 묻지 말고 "하느님의 겸손한 사랑을 내 삶에 받아들일 준비가 되어 있는가? 그리고 이 사랑이 드러내는 진리를 매일 삶으로 드러낼 수 있는가? 내 기대와 추측을 내려놓고 사랑의 요구를 따를 것인가? 마음 깊은 곳에서 말씀하시는 성령의 목소리를 듣고 있는가?" 하고 물어야 한다. 우리가 진실되고 자유로이 응답하도록 이끄는 것이 무엇이든, 그것이야말로 각자의 마음속에서 울려오는 소리이며, 하느님께서 나를 위해 마련하신 뜻임을 기억해야 한다.

✦ 옮긴이의 말

　　　　신학교 1학년 여름 방학을 마치고 난 뒤였다. 부푼 마음으로 그리고 굳은 다짐으로 첫 방학을 잘 보내고 오겠다고 약속하였건만, 실상은 그렇지 않았다. 그렇게 허둥지둥, 천방지축 첫 방학을 보내고 담당 신부님께 이런 질문을 드린 적이 있었다.

"신부님, 방학 생활이 참 어려웠습니다. 어떻게 해야 하느님의 뜻대로 살아갈 수 있겠습니까?"

이 질문에 신부님이 재치 있게 대답해 주셨던 기억이 난다.

"너 하고 싶은 거 반대로 하면 된다!"

이렇듯 우리는 살면서 내 뜻대로 되지 않을 때, 무엇인가가 꼬일 때야 비로소 질문을 던지게 된다. 과연 '하느님의 뜻은 무엇일까?'

저자인 일리아 델리오 수녀는 살면서 우리가 자주 던지는, 그러나 그 답을 다른 데서 찾는 이 질문에 대해 다룬다. 그리고 이 책을 번역하며 1학년 때 담당 신부님의 대답, "내가 하고 싶은 것 반대로 하면 된다."의 뜻이 무엇인지 조금은 알 수 있지 않았나 싶다.

하느님은 이러한 분이라고, 저러한 분이라고 말할 수 없다. 그분이 어떠한 분이신지 정의를 내리는 것은 불가능하다. 그렇기에 그분의 뜻 역시 우리가 쉬이 '이것이다, 혹은 저것이다.'라고 말할 수 없다고 저자는 말한다. 그렇다면 그분은 어디에 계신가? 이 질문에 답하기 위해선 식별이 요구된다. 식별을 통해서 우리는 하느님이 어디에 계신지 깨닫게 된다. 그분은 지금 머물고 있는 여기에 계신다. 왜냐하면 지금 이 시간과 공간에 있는 그 어떤 것이건 하느님과 떨어져서는 존재할 수 없기 때문이다. 하느님은 어디에 계신가? 그분은 나보다 더 친밀한 방법으로 내 안에 계신다. 정의 내릴 수 없는 그분은 어디에 계신가? 알 수 없다. 왜냐하면 이 세상 안의 그 어떤 것도 하느님이 아니기 때문이다. 하느님은 나 자신보다 더 나에게 가까우신 분이시나, 우리가 상상할 수 있는 그 어느 것보다도 크신 분이다. 그렇기에 우리는 하느님을 통제할 수 없을 뿐만 아니라 그분에게서 자신을 숨길 수도 없다. 이 점을 깨달을 때 비로소 참된 기도를 드릴 수 있다. 그리고 이 기도를 통해 있는 그대로의 나 자신을 받아들이고, 나에게 가장 가까우시나 세상 어떤 것보다도 크신 주님의 목소리로 우리를 채우게 된다.

(많은 경우에 별로 죄를 짓지 않은 것처럼 여기나, 실상 매일같이 죄를 짓는) 우리가 걸어가려는 두 가지 길이 있다. 바로 내 뜻, 내 목적을 위해 하느님을 통제하려고 하는 길이 하나

이며, 그분에게서 벗어나려고 하는, 그분을 피하려고 하는 길이 또 다른 하나이다. 이 두 가지 길 위에 있다면 우리는 선택해야 한다. 그 어느 길도 걸어가지 않겠다고 말이다. 이는 하느님께 의탁함으로써 시작된다. 그분은 나보다 더 나와 가까이 계시기에 정말로 필요한 게 무엇인지 아시기 때문이다. 그분은 우리가 생각하는 그 어떤 것보다도 크신 분이기에, 우리를 충만케 하실 수 있다. 하느님은 우리가 스스로 충만해져서 불타도록 이끄신다. 그 불은 다른 어떠한 불이 아니라 바로 그분의 현존이다. 마치 모세에게 당신을 계시하실 때 불타올랐던, 그러나 타지 않았던 떨기나무처럼 말이다(탈출 3,1-6 참조).

그분으로 충만해지면 참된 자유를 얻을 수 있다. 우리는 자유를 갈망하나 이 세상 속에서 여전히 한계를 지니고 있기 때문이다. 일리아 델리오 수녀는 행위가 아니라 존재로 하느님의 뜻을 따라야 한다고 말한다. 자유는 행동으로 얻는 것이 아니라 존재의 상태다. 우리가 한계,

실수, 오류로부터 자유로워지길 바라시는 게 바로 하느님의 뜻이다. 우리 마음이라는 문밖에서 늘 두드리고 계시는 그분께 자유롭게 응답하는 것, 늘 내 앞의 것에 허덕이나 '그럼에도 불구하고' 나 자신을 내려놓고 사랑을 택하는 것, 지금 이 순간을 감사하는 것, 나의 있는 그대로의 모습을 받아들이고 품는 것. 바로 그때 우리 삶의 참된 종착역인 그분과 하나 되어 지금 이 땅에서 살아 낼 수 있다.

✦ 주

1. Augustine, *The Confessions of St. Augustine*, trans. and intro. John K. Ryan (New York: Image Books, 1960), 84.

2. Bonaventure, *Itinerarium Mentis in Deum* 1.1., English trans. Ewert Cousins, in Bonaventure: *The Soul's Journey into God, The Tree of Life, The Major Life of Saint Francis* (New York: Paulist, 1980), 5960.

3. 토마스 머튼, 《새 명상의 씨》, 오지영 옮김, 가톨릭출판사, 2005, 31.

4. Walter J. Ciszek with Daniel Flaherty, *He Leadeth Me* (New York: Image Books, 1973), 24-25.

5. 위의 책, 24.

6. 토마스 머튼, 《새 명상의 씨》, 48-51 참조.

7. Paul R. Sponheim, *The God of Prayer*, in *A Primer on Prayer*, ed. Paul R. Sponheim (Philadelphia: Fortress Press, 1988), 64.

8. *The Confessions of St. Augustine*, trans. John K. Ryan.

9. Bonaventure, *Soliloquium* (Solil.) 1.5 (VIII, 31), English trans. Jose de Vinck, Soliloquy, in *The Works of Bonaventure*, vol. 3, *Opuscula* (Paterson, NJ: St. Anthony Guild Press, 1966), 44.

10. 토마스 머튼, 《새 명상의 씨》, 29-30.

11 위의 책, 32.

12 Nikos Kazantzakis, *Report to Greco*, trans. P. A. Bien (New York: Simon and Schuster, 1965), 22223. Reprinted with the permission of Simon & Schuster Adult Publishing Group from REPORT TO GRECO by Nikos Kazantzakis. Translated from the Greek by P.A. Bien. English translation Copyright 1965 by Simon & Schuster, Inc. Copyright renewed 1993 by Helen N. Kazantzakis.

13 위의 책, 45.

14 Ronald Rolheiser, *The Shattered Lantern: Rediscovering a Felt Presence of God* (New York: Crossroad, 2001), 104.

15 Barbara Fiand, *Refocusing the Vision: Religious Life into the Future* (New York: Crossroad, 2001), 170–71.

16 위의 책, 176–80.

17 Benedict, *RB 1980: The Rule of Saint Benedict in Latin and English with notes*, ed. Timothy Fry (Collegeville, MN: Liturgical Press, 1981), 157.

18 Thelma Steiger, *Letter from a Hermitage*, P 18. Personal communication.

19 Timothy Johnson, *Speak Lord, Your Servant Is Listening: Obedience and Prayer in Franciscan Spirituality*, The Cord 42 (1992): 3645.

20 Thomas of Celano, *The Remembrance of the Desire of a Soul*, 5 in in *Francis of Assisi: Early Documents*, vol. 2, *The Saint*, ed. Regis J. Armstrong, J. A. Wayne Hellmann, and William J. Short (New York: New City Press, 1999), 248.

21 Michael Hubaut, *Christ, Our Joy*, trans. Paul Barrett. Greyfriars Review 9 (Supplement 1995): 86.

22 Christopher Uhl, *Developing Ecological Consciousness: Pathways to a Sustainable World* (Lanham, MD: Rowman & Littlefield, 2004), 239.

23 Thomas Green, *Weeds Among the Wheat* (Notre Dame, IN: Ave Maria Press, 1984), 41에서 인용.

24 위의 책, 67.

25 Ignatius of Loyola, *The Spiritual Exercises of St. Ignatius of Loyola*, trans. Elder Mullan, S.J. (New York: P.J. Kenedy & Sons, 1914) (in Second Week; Three Times for Making, in Any One of Them, a Sound and Good Election)

26 Ibid.

27 Ibid. (in Second Week; The First Way to Make a Sound and Good Election).

28 Green, *Weeds Among the Wheat*, 85.

29 Ignatius of Loyola, *Spiritual Exercises* (in Second Week; Three Times for Making, In Any One of Them, A Sound and Good Election).

30 Ibid. (in Second Week; The First Way to Make a Sound and Good Election).

31 《영신수련》에서 이냐시오는 "심판의 날에 나 자신을 어떻게 찾을 것인가, 지금 중요한 것에 대해서 나는 깊이 생각하기를 바랐는가, 혹은 영원한 기쁨과 즐거움을 얻기 위해 그때 지키고 싶었던 규범을 여전히 지니려 하는가?"라는 질문과 함께 이를 머릿속으로 그려 내 볼 것을 요청한다. Ignatius of Loyola, *Spiritual Exercises* (in Second Week; The First Way to Make a Sound and Good Election).

32 Green, *Weeds Among the Wheat*, 86.

33 F. Edward Coughlin, introduction to *Writings on the Spiritual Life*, vol. X, *Works of St. Bonaventure*, ed. Robert J. Karris (New York: Franciscan Institute Publications, 2007), 25.

34 Ibid., 28.

35 Bonaventure, *On the Perfection of Life*, in *Writings on the Spiritual Life*, 144.

36 Albert Haase, *Swimming in the Sun: Discovering the Lord's Prayer With Francis of Assisi and Thomas Merton* (Cincinnati: St. Anthony Messenger Press, 1993), 11921.

37 Francis of Assisi, Letter to Leo in *Francis of Assisi: Early Documents*, vol. 1, *The Saint*, ed. Regis J. Armstrong, J. A. Wayne Hellmann, and William J. Short (New York: New City Press, 1999), 134.

38 Haase, *Swimming in the Sun*, 128.

39 Ignatius of Loyola, *Spiritual Exercises*, 115-16.

40 Green, *Weeds Among the Wheat*, 98.

41 Dag Hammarskjold, *Markings*, trans. Leif F. Sjberg and W. H. Auden (New York: Vintage; Tra edition, 2006).

42 규칙이란 영혼에서 비롯된 다양한 움직임을 어떤 식으로든 알아차리고 인지하는 것을 뜻한다. 곧 선익, 이러한 선익을 받아들이는 것, 나쁜 것을 거부하는 것, 그리고 이 모든 것은 첫 주간에 적용시키는 게 더 적절하다. Ignatius of Loyola, *Spiritual Exercises*.

43 Ibid.

44 Ibid.

45 Green, *Weeds Among the Wheat*, 145.

46 Francis of Assisi, *Admonition XVI*, in FA:EDI, 134.

47 Thomas Merton, *Thoughts in Solitude* (Boston: Shambhala, 1993), 55.

48 *Pseudo-Dionysius: Complete Works*, trans. Colm Lubheid (New York: Paulist, 1987), 287.

49 Bonaventure, Prologue to the Second Book of Sentences, in *Bonaventure: Mystic of God's Word*, ed. Timothy Johnson (Quincy, IL: Franciscan Press, 1999), 63.

50 Ibid., 60.

51 Vladimir Lossky, *Orthodox Theology*, trans. Ian and Ihita Kesarcodi-Watson (Crestwood, NY: St. Vladimir's Seminary Press, 1978), 73.

52 Kenneth and Michael Himes, *The Sacrament of Creation*, *Commonweal* 117 (January 26, 1990), 45.

53 David G. Brenner, *Desiring God's Will* (Downers Grove, IL: InterVarsity Press, 2005), 74.

54 Francis of Assisi, *Earlier Rule* 17.7, in FA:EDI, 75.

55 Alan Morinis, Gratitude. Path of the Soul 3. www.aish.com/spirituality/ growth.www.aish.com/spirituality/growth (accessed April 4, 2008).

56 Brenner, *Desiring God's Will*, 67에서 인용.

57 Francis of Assisi, *A Prayer nspired by the Our Father*, in FA:EDI, 158.

58 David Scott, *What's So Special About Mother Teresa?* www.beliefnet.com/ story/134/story13413html (accessed April 4, 2008).

59 Brenner, *Desiring God's Will*, 103.

60 Scott, What's So Special About Mother Teresa?

61 The Little Flowers of Saint Francis 11, in *Francis of Assisi: Early Documents*, vol. III, *The Prophet*, eds. Regis J. Armstrong, J. A. Wayne Hellmann, and William B. Short (New York: New City

Press, 2001), 584. 또한 다음을 보라. Jane Kopas, A Franciscan Interpretation of Person in Postmodern Culture, in *Franciscan Identity and Postmodern Culture*, ed. Kathleen A. Warren (New York: The Franciscan Institute, 2003), 6768.

62 말씀이 지니고 있는 힘에 대한 사막 교부들의 훌륭한 논의를 살피고자 한다면, 다음을 보라. Douglas Burton-Christie, *The Word in the Desert: Scripture and the Quest for Holiness in Early Christian Monasticism* (New York: Oxford University Press, 1993), 10729.

63 *Sayings of the Desert Fathers: The Alphabetical Collection Joseph of Panephysis 7*, trans. Benedicta Ward (London: Mowbray, 1975), 88.

64 Beatrice Bruteau, *The Grand Option: Personal Transformation and a New Creation* (Notre Dame, IN: University of Notre Dame Press, 2001), 172.